CHRISTIAN LEZZI

COMUNICAZIONE NEURO-LINGUISTICA

Conoscere e Sfruttare a Tuo Vantaggio la Comunicazione Extra-Verbale e la Persuasione

Titolo
"COMUNICAZIONE NEURO-LINGUISTICA"

Autore

Christian Lezzi

Editore

Bruno Editore

Sito internet

http://www.brunoeditore.it

Sommario

Ringraziamenti

Prima d'intraprendere questo viaggio all'interno della *Comunicazione Neuro-Linguistica*, desidero ringraziare la mia famiglia (per il supporto a tutte le mie attività) e Isabella, fonte unica e inesauribile di conforto e ispirazione.

Al tempo stesso, voglio ringraziarti e complimentarmi con te per aver scelto il mio corso e per la decisione di migliorare te stesso, d'intraprendere o continuare il tuo percorso personale, alla ricerca dell'eccellenza, avvalendoti anche delle mie parole.

Grazie e complimenti, anche e soprattutto per questo.

Introduzione

Immagina un fiume e pensa che io non ne abbia mai visto uno. Come lo descriveresti? Forse come un semplice nastro d'acqua fine a se stesso, senza aggiungere alcun dettaglio descrittivo? Non credo. Probabilmente ne illustreresti anche la trasparenza delle acque che riflettono l'azzurro del cielo assumendone il colore, la loro freschezza sulla pelle nelle giornate d'estate, il loro gusto dissetante. E ancora mi parleresti, disegnandolo nella tua e nella mia mente, dei suoi argini frastagliati e odorosi d'umido, della vegetazione circostante, della voce scrosciante delle sue acque perennemente in movimento e di quella sensazione rilassante che forse t'infonde.

Nel primo caso avresti usato semplicemente la parola, fredda e priva di sfumature emozionali, mentre nel secondo avresti arricchito il tutto con una descrizione completa e, seppur rappresentativa del tuo modo di vedere le cose, abbastanza fedele da rendere l'idea. Nella narrazione arricchita avresti colpito i miei sensi evocando emozioni personali e mi avresti fatto davvero "sentire" quel fiume come reale e a portata di mano.

È questa la comunicazione polisensoriale o Neuro-Linguistica, che mira quindi a coinvolgere più canali sensoriali (spesso contemporaneamente) e che, a livello persuasivo, riesce ad essere molto più efficace, riuscendo ad andare oltre la superficie conscia della percezione. L'uso standardizzato dei concetti, senza tener conto di come il nostro interlocutore elabori le informazioni, non potrà mai colpire le ragioni profonde della mente umana e, al pari dei numeri, rischia di essere un'informazione fredda e poco affascinante.

Elaborare le informazioni: qui si apre un mondo. Alla base di tutto c'è l'ascolto, certo, possibilmente attivo e partecipe, realmente interessato, ma per raggiungere il nostro interlocutore in profondità, laddove i suoi pensieri prendono forma, è necessario comprendere come li elabora, analizzandone i canali d'ingresso delle informazioni (es. canali rappresentazionali) e il suo modo di elaborare le informazioni (es. metaprogrammi). Tutti questi concetti, importanti per ottimizzare la nostra comunicazione, li vedremo nei prossimi capitoli, così come vedremo anche come e perché, a livello inconscio, la comunicazione polisensoriale riesca a influenzare le decisioni meno razionali e più impulsive, ossia il 90% del nostro vissuto.

Pur tenendo presente che non è mai corretto generalizzare, scoprirai il significato (teorico e da verificare comunque, caso per caso) della Comunicazione Extra-Verbale del tuo interlocutore, comprendendo finalmente il perché di alcune gestualità, posture, e modi di porsi. Imparerai a riconoscere le persone in base alle categorie della Satir (analisi comportamentale) e a capire, calibrandole in tempo reale, in che modo elaborano le informazioni. Capirai il significato della frase (che forse hai già letto o sentito) "la mappa non è il territorio", concetto utile a comprendere sintonicamente il punto di vista delle persone e ad essere capiti da esse.

Imparerai a non usare determinate parole a doppio taglio e a evitare la distonia, cancellando dal tuo vocabolario tutto ciò che, lessicalmente, è avversativo. Che tu sia un manager o un imprenditore, un venditore o un vetrinista, un commesso o una segretaria, forse un cameriere o un assicuratore, qualunque sia il tuo ambito lavorativo o relazionale, qualunque sia il tuo scopo e la tua motivazione a leggere quanto ho da raccontarti, gli spunti che troverai nelle pagine seguenti ti aiuteranno a migliorare la tua comunicazione e, di conseguenza, la tua capacità persuasiva, in ogni ambito dello scibile umano, anche nella sfera degli affetti.

Questo corso non ha la pretesa d'insegnarti a parlare meglio, ma solo quella di migliorare le tue capacità persuasive, di amplificare la profondità dei tuoi concetti, permettendoti di andare a toccare quelle corde emozionali che, di norma, un comunicatore ordinario non sa toccare, attraverso strumenti che sarai poi tu a utilizzare, mettendoci la tua passione e le tue competenze: in sintesi il tuo stile. In questo corso troverai frequenti richiami alla Psicologia e alla Programmazione Neuro-Linguistica (PNL). Sono solo accenni e strategie pratiche, che funzionano per definizione se rese automatiche e naturali. Per approfondire le discipline citate ti rimando a corsi, seminari o libri più specifici. Mi limiterò a dirti, a livello di informazione di base, che la PNL nasce verso la fine degli anni Settanta ed è lo studio dell'eccellenza, degli schemi e dei modelli comportamentali e comunicativi umani, allo scopo di replicarli (modellandoli quando occorre) per permettere di migliorare le proprie performance comunicative, persuasive e relazionali. Certo, la PNL non è solo questo, ma non voglio dilungarmi oltre.

Questo corso vuole essere una lente d'ingrandimento che ti aiuti a focalizzare la tua attenzione sul come migliorare la tua comunicazione, sul come capire le persone e le loro reazioni, su come farti capire meglio ed essere più affascinante, comprensibile e vincente. In sintesi, forse leggerai cose che già hai letto o forse del tutto nuove per te: poco importa. Ciò che conta è il modo di vivere l'esperienza.

Solo con una mente aperta e orientata al miglioramento potrai affinare le tue tecniche comunicative e migliorare te stesso, sempre più, ogni giorno, facendo tesoro di quanto apprenderai, applicandolo al tuo modo di vedere il mondo circostante e a come, a sua volta, lo vedono i tuoi interlocutori. Imparerai a comunicare al di là del "razionale" coinvolgendo nei ragionamenti i cinque sensi e l'inconscio, vero artefice di gran parte delle nostre azioni e decisioni. E ancora, godrai di strumenti operativi che ti permetteranno di toccare i giusti tasti comunicativi, di entrare in sintonia (rapport) con il tuo interlocutore e di guidarlo nel tuo mondo, di convogliare quelle emozioni che lo porteranno a dirti «Ok, mi hai convinto», qualunque sia l'argomento. Ciò che leggerai è frutto di studi approfonditi dai migliori professionisti della Comunicazione, del Marketing, della Psicologia e della PNL, negli ultimi decenni.

A questo aggiungo il mio personale contributo da studioso appassionato della materia (letteralmente innamorato della Comunicazione in generale e della PNL in particolare) che ha letto centinaia di libri, seguito decine di corsi e seminari, praticato continui test sperimentando tutto ciò che impara (perché di imparare non si smette mai) trasponendolo nella comunicazione quotidiana, sia essa inerente la sfera personale o quella professionale, con una pratica operativa che si sviluppa, e che continuerà a farlo, da ormai dodici anni.

Tutto ciò che ti racconterò è pratica, non teoria, utilizzata quotidianamente da decine e decine di "commerciali" di successo che ho formato negli anni. Concludo questa prefazione citando Connirae e Steve Andreas: «*Il lettore sagace troverà nel testo molte più cose di quante non siano esplicitamente dette*» (dall'introduzione al libro *La Ristrutturazione* di Richard Bandler e John Grinder, Astrolabio, 1983). Solo applicando la giusta apertura ed elasticità mentale, saprai far tesoro dei miei spunti (perché, ripeto, di spunti si tratta) utilizzandoli come base di partenza per ogni approfondimento personale ed esperienziale in materia e rendendoli strategia comunicativa personale.

A te la scelta quindi, se compiere il mio stesso percorso (impegnando i prossimi dodici o tredici anni a studiare comunicazione) o sfruttare il mio ultra decennale lavoro di crescita per fare tue le mie competenze, modellandole (per usare un termine caro alla PNL) a tuo uso e consumo e applicandole al tuo modo di vivere e di comunicare, fin da subito, in ogni ambito relazionale, sia esso personale o professionale, migliorando te stesso e i tuoi risultati, la tua stessa vita.

Al termine di questo corso, ti lascerò una strategia comportamentale, un semplice esercizio di PNL che, ripetuto diverse volte e reso automatico e naturale, ti permetterà di essere sempre nello stato d'animo migliore durante le tue interazioni con il mondo circostante.

Ti auguro quindi una buona lettura!

Christian Lezzi

CAPITOLO 1:
Come comunicare oltre le parole

Ti sei mai chiesto cosa si intenda normalmente con il termine più che generico di *comunicazione*? E quando la *comunicazione* può definirsi *persuasione polisensoriale* o *Neuro-Linguistica,* diventando così particolarmente efficace e vincente? Utilizzo la definizione di *comunicazione Neuro-Linguistica* perché, semplicemente, i comportamenti delle persone sono il frutto dell'elaborazione di processi neurologici corrispondenti a percezioni o rappresentazioni mentre, nel contesto comunicativo, il linguaggio funge da collegamento tra le rappresentazioni interne e ciò che accade nell'esperienza, dando voce, attraverso le parole, alla percezione soggettiva.

Pensiamo alla *comunicazione* come a una compagna di viaggio, che segue tutti i nostri passi, uno dopo l'altro, in ogni istante del nostro percorso di vita. È attraverso la *comunicazione* che interpretiamo il mondo, ne "leggiamo" i segnali, ne elaboriamo i messaggi, ascoltando le nostre sensazioni e le nostre reazioni alle parole e agli stimoli esterni.

E al tempo stesso a questo mondo parliamo, trasmettendo i nostri segnali, con o senza le parole. Ciò accade sempre, in ogni attimo della nostra vita, perché è impossibile non comunicare, anche stando zitti. In ogni caso, in ogni momento, stiamo trasmettendo un messaggio.

SEGRETO n. 1: la *comunicazione* si misura dal risultato: non esistono le belle parole fini a se stesse, non in un discorso a due o più interlocutori. Di conseguenza, il riscontro che daremo e riceveremo, sarà il metro di valutazione della buona *comunicazione*.

Riuscire a ottimizzare la comprensione di ciò che ci circonda, del nostro interlocutore, in un caso specifico di dialogo, migliorando al tempo stesso la nostra capacità di essere compresi, di persuadere, di affascinare, è il parametro che fa evolvere la *comunicazione* in *persuasione efficace*. Questo risultato comunicativo non è standard. Esso è estremamente variabile in funzione delle nostre capacità di toccare le corde giuste, come se il nostro interlocutore fosse uno strumento musicale.

Pensa a un'arpa. Ha tante corde e ognuna, a modo suo, produce un suono. Ma questo suono può essere più o meno gradevole, così come la risposta che possiamo avere, durante la nostra comunicazione, può essere più o meno valida. Dipende da noi, dalla nostra capacità di toccare le corde giuste, di interessare e affascinare, di convincere, di creare quella meravigliosa melodia che in comunicazione si chiama "sintonia" e che porta, inevitabilmente, i risultati sperati.

A questo proposito, prima di vedere come si compone la nostra Comunicazione, desidero precisare un concetto che ritengo fondamentale. Forte della mia esperienza da Coach, ti invito a non confondere la sintonia con l'empatia, ciò può essere molto pericoloso. La sintonia (il rapport della PNL, che vedremo più avanti) ci permette di entrare in un contatto profondo, inconscio ed emotivo, con il nostro interlocutore. L'empatia apparentemente svolge lo stesso ruolo, ma con l'innegabile e pericolosa aggiunta del trasferimento dello stato d'animo. Mi spiego meglio. La sintonia ti permette di entrare in simbiosi comunicativa con una o più persone, toccando gli argomenti giusti, sfruttando i canali rappresentazionali di cui ti parlerò tra un po' e facendoci percepire come "simili e affidabili" da chi sta comunicando con noi.

L'empatia, pur assolvendo lo stesso compito, con più o meno lo stesso risultato, si fa carico, in aggiunta, dello stato d'animo del nostro interlocutore. Ciò compromette la lucidità dell'esposizione, in sintesi, il risultato stesso della comunicazione. Supponi per un momento di essere un terapeuta. Se tu entrassi in empatia con il tuo paziente, assorbendo le sue negatività e facendo tuoi i suoi problemi, usciresti distrutto dalla seduta, minando le tue capacità di aiutarlo.

Rimanendo invece nell'ambito più corretto della sintonia, potrai percepirlo e farti percepire da lui come simile, come affidabile a livello inconscio, ossia come una persona da ascoltare e di cui ci si può fidare, qualcuno che può realmente aiutarci, che ci capisce e che ci riconduce alla razionalità senza isterismi o disperazione. Se ci pensi bene, la comunicazione sintonica è alla base di tutte le buone relazioni e, paradossalmente, ti renderai conto come, ambiti professionali molto diversi (ad esempio la psicoterapia e la vendita) sfruttino in realtà gli stessi meccanismi comunicativi, più o meno consciamente. Fatta questa distinzione, che ritengo di vitale importanza, provo a farti una domanda: quali sono le componenti della comunicazione? Le parole, poi? Probabilmente, se stai leggendo questo libro, ne hai letti già altri, o forse hai seguito dei corsi.

Facciamo un gioco, che ci permetterà di rendere più valido ciò che ti scrivo e che ti permetterà di assimilare concetti utili in maniera più personale: fingi di essere all'oscuro dell'argomento e di non saper nulla di tutto ciò che è espresso in questo libro. Così facendo, alla fine della lettura, potrai tirar le somme tra quanto appreso e le tue precedenti convinzioni. Ora, proseguendo con questo gioco, prova a immaginare quali siano le componenti fondamentali della comunicazione (ricorda che non si comunica solo con le parole) e quali siano le loro percentuali d'importanza. Ti aiuto, le componenti fondamentali della comunicazione sono tre, da cui deriva il concetto della tridimensionalità della comunicazione stessa. La prima componente è quella più ovvia, ossia la parola. Nello specifico chiameremo questa componente *verbale* e corrisponde a cosa diciamo, al concetto, al contenuto di ciò che diciamo. La seconda componente è quella relativa al come diciamo le cose, al tono della voce, alla velocità e al ritmo espositivo e la chiameremo *paraverbale*. La terza componente della comunicazione è quell'insieme posturale (come ci si pone con il corpo) e di gestualità che accompagna la nostra espressività.

Si definisce non verbale e su questa componente in particolare ci sono tonnellate di studi, libri, seminari, corsi, che (troppo spesso) sono finalizzati allo smascheramento delle bugie o fondati su presupposti rigidi e standardizzati che poco hanno a che fare con la realtà che ci circonda. L'insieme del *non verbale* del nostro interlocutore è sicuramente un segnale, esso può certamente darci delle indicazioni sul suo stato d'animo, sulla sua sincerità, sulla sua tranquillità, ma sono solo indizi che non vanno mai presi come assoluti e che devono essere sempre inseriti in un contesto più ampio di valutazione. Il mio interlocutore si gratta il naso, devo dedurre che mi stia mentendo? Può darsi, ma non potrò mai esserne sicuro, dovrò necessariamente analizzare altri segnali e inserirli nel contesto attuale. E se fosse semplicemente allergico al polline? Standardizzare i segnali rovina i rapporti interpersonali invece di rinsaldarli.

SEGRETO n. 2: l'insieme dei segnali che ci giungono dalla comunicazione non verbale va sempre valutato nel contesto esperienziale del discorso e nel momento situazionale, analizzando un insieme più ampio possibile di segnali incrociati tra di loro.

Ora che abbiamo identificato le tre componenti fondamentali della comunicazione, proviamo ad attribuire, a ognuna di esse, la giusta percentuale d'importanza in un discorso. Ti ricordi i professori a scuola? Sono certo che la tua prima reazione, a quel ricordo, sia stato uno sbadiglio. Non tanto per la scuola in sé, magari eri uno studente appassionato e volenteroso, ma per l'immagine riaffiorata di quei docenti bravissimi (si spera) nella loro materia, ma del tutto incapaci di comunicare. Se hai seguito un corso di formazione con un bravo formatore sai di cosa parlo. Ma torniamo a scuola, pensa a quel grigio professore, che spiegava da seduto, con quella voce svogliata e incolore, dal tono soporifero e monocorde, badando solo a trasmettere un contenuto. Senza generalizzare, sia chiaro, questo è solo un esempio che spesso, purtroppo, è concreto e tangibile. L'abitudine maturata in anni di scuola e magari anche di università ti ha lasciato probabilmente la convinzione che ciò che conta è solo ciò che dici e non *come* lo dici. Ricordo con terrore un professore di Costruzioni (io ho studiato Ingegneria) che nemmeno ci guardava in faccia, aveva un tono mortalmente piatto, parlava da seduto e perennemente con un foglio in mano e, a volte, proiettando lucidi alla velocità della luce.

Immagini la noia? E la difficoltà a seguire? Quando una volta mi azzardai a dire che non avevo afferrato un determinato concetto, lo sentii inveirmi contro, accusandomi di non essere stato attento. Ti dirò una cosa: la comunicazione si misura dal risultato, non dalle intenzioni. In altre parole, tu potresti avere le migliori intenzioni nel fare un appunto a una persona, ma se lo fai con il tono sbagliato o con le parole meno opportune, finirai per ferirla. In un'azione comunicativa si è a turno riceventi e trasmittenti, ossia si parla e si ascolta ciclicamente. Ora, la responsabilità della comprensione altrui è sempre a carico di chi trasmette il messaggio, non di chi lo riceve. Spesso assistiamo a scene in cui una persona dice all'altra un qualcosa e l'altra risponde con il classico «non ho capito». Cosa fa in questo caso un cattivo comunicatore? Ripete il concetto con le stesse identiche parole, magari alzando il tono della voce. Non è certo la strada migliore: l'interlocutore ha detto che non ha capito, non che è sordo. Il bravo comunicatore, invece, prima indaga cosa realmente non sia stato capito del concetto espresso e poi, solo allora, lo riformula con parole diverse, o approfondendo ciò che, nella prima formulazione, era risultato incomprensibile.

Immagina ora lo stupore quando ho iniziato a frequentare corsi di Comunicazione avanzata o di PNL, trovandomi di fronte questi formatori energici, affascinanti, tesi a creare affinità e sintonia, a cercare di farsi comprendere, in altre parole a coinvolgere sensorialmente. Personalmente non ricordo uno sbadiglio in un corso di PNL, nemmeno in quelli serali, frequentati dopo una dura giornata di lavoro.

SEGRETO n. 3: delle tre componenti della comunicazione, quella verbale, pur trasmettendo il contenuto, è la meno

importante in un contesto comunicativo completo. Statisticamente, comprovato da studi approfonditi, condotti da psicologi e linguisti, la comunicazione verbale, in un discorso, conta solo il 7% del quadro d'insieme.

Non sono studi condotti da me e nemmeno saprei spiegarti come questa percentuale sia stata calcolata, ma nel nostro discorso ha poca importanza. Ciò che più ci interessa è l'orizzonte che si sta delineando.

Quello che credevi fondamentale, rifacendoti a quanto hai potuto apprendere a scuola, ossia che conta solo ciò che dici in una conversazione, perde le sue fondamenta se confrontato con ciò che dovrebbe essere la comunicazione per essere definita davvero Persuasione. Credo di averti incuriosito abbastanza con il gioco delle percentuali, vuoi sicuramente conoscere le percentuali d'importanza delle altre due componenti. Quando rivolgo questa domanda ai miei corsisti in aula, la risposta più comune è circa 70, 20, 10, senza contare chi spara percentuali che abbondantemente superano il 100. Forse tu mi avresti dato una risposta simile. Non stupirti quindi nell'apprendere che il paraverbale, ossia *come* quei concetti sono espressi, pesa sulla torta della comunicazione per il 38% mentre il non verbale, l'insieme muto di atteggiamenti, gesti ed espressioni del viso, da considerare come l'importante cornice scenica della comunicazione, addirittura copre il restante 55%. Il paraverbale affascina e coinvolge, con i suoi alti e bassi, con il suo sottolineare con il tono della voce, con il ritmo, mentre il non verbale, che conta più delle altre componenti, è espressione più o meno inconscia della comunicazione.

Ne consegue che, ciò che magari ritenevi fondamentale, ossia la parola, conti solo il 7%. Queste percentuali sono dovute al risultato degli studi dello Psicologo statunitense Albert Mohrabian e, graficamente, rendono meglio l'idea della percezione delle tre componenti, da parte della mente umana:

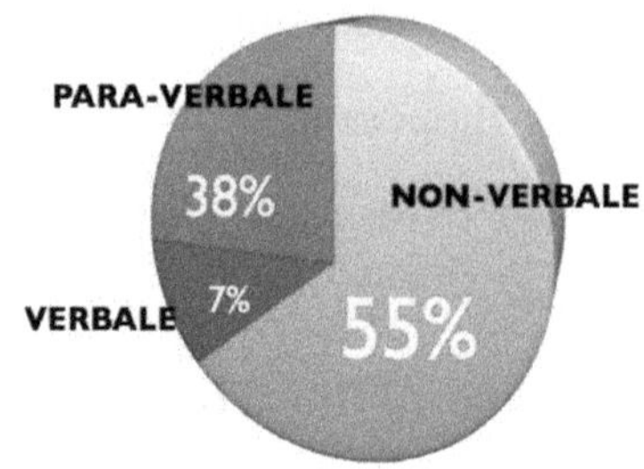

Fonte: www.farwebdesign.com

A rafforzare la validità persuasiva inconscia dell'extra-verbale, è l'idea Freudiana secondo cui i comportamenti inconsci rappresentano i 9/10 del totale, mentre quelli consci solo 1/10. Come diceva Freud, è necessario immaginare l'insieme dei comportamenti e delle pulsioni come un Iceberg, di cui solo la punta affiora. La parte consapevole si divide tra Io o Ego (la coscienza propriamente detta) e Super-Io o Super-Ego, che raccoglie i referenti morali ed educativi. L'Io, o Ego, media tra motivazioni inconsce e motivazioni morali.

Permettimi un esempio chiarificatore sul tema delle pulsioni e delle motivazioni d'acquisto, per meglio spiegare come agisce la mente umana in fase di acquisto (e non è forse la nostra comunicazione una forma di vendita?). L'acquisto conscio (o consapevole) è il risultato di una valutazione razionale, consapevole e quasi scientifica della convenienza d'acquisto in relazione ad un'analisi accurata dei propri bisogni e della piena consapevolezza delle naturali pulsioni. Un atteggiamento dettato da una pulsione conscia può essere, ad esempio, quello di dotarsi di un ombrello se fuori piove, o di un mezzo di trasporto per raggiungere il lavoro, valutando tra le diverse alternative esistenti (la macchina, il treno, l'autobus, la bicicletta, l'andarci a piedi) e scegliendo quella più opportuna al riguardo, anche in funzione di una razionale valutazione pro-contro che tenga ben presenti valori oggettivi e concreti (fattori logici).

L'acquisto subconscio avviene quando non si è nella piena consapevolezza delle forze culturali (educazione, religione, simbologie familiari o di gruppo, cultura sociale) che, assimilati durante la crescita, agiscono sul consumatore. Un comportamento generato da una pulsione subconscia è, ad esempio, la scelta di un abito per una determinata occasione. In questo caso, il soggetto escluderà inconsapevolmente tutto ciò che non è adeguato alla situazione e includerà tutto ciò che ritiene consono, senza necessità di riflessione o valutazione.

La scelta effettuata in tal senso, risponde a esigenze di conformità culturali e chiaramente anticipa quelle che potrebbero essere le reazioni e le critiche dei suoi interlocutori. Una pulsione subconscia alla conformità culturale è presente in molti acquisti, senza che i consumatori se ne rendano conto. L'acquisto inconscio (o inconsapevole) avviene sotto l'influsso di pulsioni profonde, prevalentemente primarie (sessuali, ancestrali, genetiche, biologiche).

SEGRETO n. 4: per Sigmund Freud, padre della psicoanalisi, la psiche umana somiglia a un iceberg di cui solo 1/10 affiora dall'acqua (conscio) mentre i 9/10 della sua massa sono immersi (inconscio). Per questo, i 9/10 delle nostre azioni e decisioni, sono dettate da motivazioni inconsce.

Le tensioni che generano questo tipo d'acquisto non sono note all'acquirente stesso e in questo caso l'impulso d'acquisto può essere frenato o represso. La scelta di un ragazzo non sposato o fidanzato, di frequentare una palestra per migliorare la sua prestanza fisica, può essere motivata da una pulsione inconscia, in tal caso può esistere un desiderio di aumentare la propria attrattività riproduttiva e tale movente, d'origine animale, può avvenire al di fuori della consapevolezza della persona stessa. Ulteriore utilissimo parametro per comprendere gli stati d'animo comunicativi e ricettivi dell'interlocutore, è il cosiddetto "Socially Desirable Responding" ossia il bisogno umano di rispondere, assecondandole, a tutte quelle necessità di appartenenza sociale.

Se ci accontentassimo delle prime spiegazioni verbali fornite dai consumatori, poco capiremmo dei loro comportamenti i quali possono subire influenze forti, senza che ci sia una chiara e razionale percezione del fenomeno. Esiste una forte distanza tra ciò che le persone proiettano, e i reali comportamenti e pensieri posseduti. Vi sono parti del Sé che non emergono e parti del Sé puramente proiettate.

Pensiamo a una comunicazione interpersonale: spesso è presente negli individui una tendenza a proiettare su di sé un'immagine che sia accettabile e positiva rispetto alle norme culturali. Tale fenomeno avviene o per incapacità di individuare le proprie motivazioni, o per una precisa volontà di nascondere fatti, opinioni, comportamenti di vario genere. Tale fenomeno, di fatto una quarta variante comportamentale, prende forma ogni qual volta si esprimono, volutamente, pensieri e azioni che siano conformi alle regole della buona convenienza sociale e della morale. In tal caso si cela la reale percezione di sé e si proietta un'immagine artificiale ma socialmente positiva e più facilmente accettata. Questo fenomeno persiste anche in condizioni d'anonimato, e questo perché il soggetto cerca di costruirsi un'immagine ideale di se stesso (Self Impressions Management). Vi è dunque nell'interlocutore una costante ricerca di un'immagine (status symbol) che sia non solo positiva agli occhi degli altri ma anche per se stessi, influenzando alcune sue scelte d'acquisto e di possesso/esibizione, allo scopo di evitare dissonanze interne e sociali o di pubblica opinione.

Alla luce di quanto riportato, attingendo agli studi di Freud, probabilmente ti suoneranno meno strane le percentuali di cui sopra e ti sarà più chiaro il perché la Comunicazione Non Verbale sia così importante nel contesto persuasivo di un discorso. Ed è proprio il linguaggio non verbale del nostro interlocutore che, opportunamente osservato e ascoltato (fase di Calibrazione, che significa letteralmente aggiustare la mira e che, nel nostro caso, rappresenta l'acquisizione di tutte le informazioni sensoriali utili) e replicato nella nostra gestualità (fase di rispecchiamento o *mirroring*), ci permetterà di mettere un tassello al mosaico che andiamo a comporre.

L'intento è di creare il rapport, ossia quella sintonia inconscia che ci renderà più profondamente persuasivi. Creare il corretto

Rapport significa porci al livello percettivo dell'interlocutore, dargli comprensione, portarlo a pensare, seppur non consciamente: «Questo è uguale a me, questo mi capisce, di lui mi posso fidare». Naturalmente il rapport non è solo ripetere in maniera naturale gli stessi gesti e concetti di chi ci parla o ci ascolta. Questa è solo la prima e più immediata fase di quella complessa operazione che la PNL definisce *ricalco* e che si spinge oltre la gestualità.

Un ricalco profondo, infatti, si spinge oltre la mimica, giungendo a replicare, sempre in maniera molto naturale, il tono e il ritmo con cui il nostro interlocutore ci parla (ricalco verbale). Fino a ricalcarne il respiro, che è la forma di ricalco più potente e difficile da realizzare. Sul potere del ricalco del respiro, basti pensare al neonato che si addormenta cullato dal ritmo respiratorio della madre, cosa che succede anche con i cuccioli di cane o di gatto, tanto con la loro madre che con il loro padrone. E ci permetterà di entrare in sintonia con il suo mondo interiore, ossia con la sua percezione del circostante, e di condurlo credibilmente nel nostro. Perché? Semplice! L'interlocutore ci percepirà, a livello inconscio, come simili a lui, quindi si fiderà maggiormente di noi e ci seguirà inconsciamente a conoscere il nostro mondo (guida). Quindi, un'attenta calibrazione (l'osservazione della gestualità, del modo di parlare e di respirare) seguita da un ricalco più che naturale, fino a giungere alla guida (il momento in cui è il nostro interlocutore che, senza nemmeno saperlo, inizia a "copiare" il nostro stile) instaurerà quel corretto rapport, quella sintonia che ci metterà in contatto con la parte più importante delle persone, con la loro componente decisionale più forte, ossia con il loro inconscio.

Una valutazione molto importante da condurre, tanto a livello di rapport quanto per tarare in maniera vincente la comunicazione, è l'analisi dei sistemi rappresentazionali (VAKog) dell'interlocutore, ossia *come* egli acquisisca le informazioni che gli giungono (se per elaborazione visuale, auditiva, cinestesica, olfattiva, gustativa, anche mediante l'analisi in tempo reale del movimento degli occhi). E non solo. Ad aiutarci nella calibrazione e nella comprensione profonda del nostro interlocutore, vi è anche l'osservazione attenta della comunicazione non verbale (CNV) che, unita ai sistemi rappresentazionali in uso e completata dalla comprensione dei

Metaprogrammi utilizzati (modelli schematici di elaborazione delle informazioni), ci fornirà una mappa abbastanza completa, un ritratto comportamentale, ossia la categoria di appartenenza (in quel determinato momento e contesto) secondo la classificazione di Virginia Satir (Psicologa della famiglia che tanto ha contribuito, con i suoi studi e con la sua attività, alla codificazione delle strategie di PNL).

SEGRETO n. 5: l'osservazione attenta della comunicazione non verbale che, unita ai sistemi rappresentazionali in uso e completata dalla comprensione dei metaprogrammi utilizzati, ci fornirà un ritratto comportamentale del nostro interlocutore, ossia la categoria di appartenenza.

Prima di procedere nella scoperta della persuasione profonda, addentrandoci nei tecnicismi dei sistemi rappresentazionali e dei metaprogrammi, facciamo un veloce excursus su quelle categorie citate poco fa, dovute agli studi di Virginia Satir e che dalla stessa prendono il nome. Conoscerle ti sarà utile per completare il quadro d'analisi. Virginia Satir, dai cui studi comportamentali è praticamente nata la PNL, suddivide in tre categorie il comportamento delle persone. Queste categorie sono definite: Accusatore, Propiziatore e Superlogico e corrispondono ai tre principali canali sensoriali di elaborazione delle informazioni (il sistema VAK che vedremo nel prossimo capitolo).

L'ACCUSATORE (o indicatorio). Nell'analisi DETA comportamentale (di più recente memoria, che estende a quattro le categorie della Satir) è definito Decisionale o Driver ed è colui che vuole sempre avere il controllo della situazione e a dare indicazioni (ordini) dirette e precise. Spesso parla puntando il dito o utilizza una gestualità a mano aperta e a taglio, come a voler appunto indicare o accusare.

La sua postura sarà rigida, solida, eretta, a volte protesa in avanti (tendenza intimidatoria). Il tono della voce sarà alto, acuto, tendente allo scoppio improvviso di parole, come a tenere in scacco l'interlocutore, sotto accusa, come suggerisce il nome della categoria d'appartenenza. Fa frequente uso di quantificatori universali (tutti, ogni volta) con un largo uso di NO. È tipica di un Accusatore la frase: «Ti ho detto di no». È prevalentemente Visivo i suoi movimenti oculari saranno ampi e verso l'alto. In una relazione di lavoro è spesso formale e distaccato e desidera sapere, senza troppi preamboli, a cosa serve ciò che gli proponi, quali benefici può procurargli, in quanto tempo si realizzeranno questi benefici, qual è il rapporto costo-beneficio, la funzionalità, l'efficacia, i vantaggi che gli porterai. La sua priorità è il raggiungimento del risultato quindi, come strategia comunicativa, dovrai essere efficace nell'uso del tempo a tua disposizione. Dovrai dimostrarti concreto e sintetico, a tua volta formale e sicuro di te e dovrai rappresentare per lui un vantaggio ben quantificato.

IL SUPERLOGICO (o calcolatore). Nell'analisi DETA si definisce anche Analitico ed è colui che in un discorso, soprattutto in campo lavorativo, desidera conoscere ogni minimo dettaglio di ciò che gli viene proposto. La sua gestualità è ampia e rotatoria, con il busto e le spalle leggermente erette (non imperioso come l'accusatore), spesso inclinerà la testa di lato nell'ascoltare. Comunicherà con voce tendente al calmo, con un tono quasi monocorde, un po' noioso. Nel suo modo di parlare saranno molto frequenti i *perché* e i *per esempio*. La sua tendenza logica lo porta a voler saper quale sia la giustificazione per compiere una determinata scelta, tendendo a ragionare e a razionalizzare ogni dettaglio. È attratto dalla qualità, dalla cura del dettaglio e dalla durata/robustezza. Apprezza chi conosce nel minimo particolare ciò che propone o illustra, oltre che l'accuratezza e la precisione della proposta. La sua priorità è il dettaglio, l'analisi minuziosa che eviscera il concetto, il beneficio riscontrabile. Non è interessato alle innovazioni e alle mode. Apprezza molto il rispetto della riservatezza e degli spazi personali, la comunicazione lenta e pacata, il frequente richiamo alla logica, le informazioni precise ed esaurienti. Tendenzialmente è auditivo e i suoi movimenti oculari saranno orientati lateralmente.

IL PROPIZIATORE (o propiziatorio). Questa è la categoria più ampia nel quadrante DETA e racchiude le sottocategorie (tipiche di questa analisi comportamentale) dell'Espressivo e del Tradizionalista. La sua priorità è la relazione, l'approvazione per le sue capacità e per i suoi risultati, cerca continuamente il consenso. La postura tende al remissivo, con le spalle un po' curve, la sua gestualità vede il palmo della mano rivolto verso l'alto, a propiziare appunto. Spesso tiene una mano sul corpo, a volte sul cuore, parlando in modo morbido e rilassato, tendente all'emotivamente gradevole. Si scusa per ogni cosa, spesso anche per eventi indipendenti da se stesso. Nel parlare usa spesso il *sì*, *solo*, *proprio*, *se*, *perfino*, e non sarà difficile sentire frasi del tipo: «Lo faccio solo per te». Fortemente assertivo ed empatico, è interessato ai vantaggi e alle referenze, cerca qualcosa che lo distingua, in termini di prestigio e/o di originalità. Apprezza il rapporto informale, la flessibilità, la disponibilità e la cortesia, la sensibilità, le spiegazioni passo per passo su come si fa, come funziona, come si utilizza. Sogna di fare parte di un'elite e di essere gratificato dalla scelta e dalla relazione stessa. Apprezza l'interesse per la sua persona e per la sua attività e desidera essere rassicurato. Tendenzialmente cinestesico, i suoi movimenti oculari tenderanno verso il basso, con frequenti richiami al dialogo interiore.

RIEPILOGO DEL CAPITOLO 1:

- SEGRETO n. 1: La comunicazione si misura dal risultato: non esistono le belle parole fini a se stesse, non in un discorso a due o più interlocutori. Di conseguenza, il riscontro che daremo e riceveremo, sarà il metro di valutazione della buona comunicazione.
- SEGRETO n. 2: L'insieme dei segnali che ci giungono dalla comunicazione non verbale va sempre valutato nel contesto esperienziale del discorso e nel momento situazionale, analizzando un insieme più ampio possibile di segnali incrociati tra di loro.
- SEGRETO n. 3: Delle tre componenti della comunicazione, quella verbale, pur trasmettendo il contenuto, è la meno importante in un contesto comunicativo completo. Statisticamente, comprovato da studi approfonditi, condotti da psicologi e linguisti, la comunicazione verbale, in un discorso, conta solo il 7% del quadro d'insieme.
- SEGRETO n. 4: Per Sigmund Freud, padre della psicoanalisi, la psiche umana è, per la sua maggior parte, inconscia. Essa assomiglia a un iceberg di cui solo 1/10 affiora dall'acqua (conscio) mentre i 9/10 della sua massa sono immersi

(inconscio). Per questo, i 9/10 delle nostre azioni e delle nostre decisioni, sono dettate da motivazioni inconsce.

- SEGRETO n. 5: L'osservazione attenta della comunicazione non verbale che, unita ai sistemi rappresentazionali in uso e completata dalla comprensione dei metaprogrammi utilizzati, ci fornirà un ritratto comportamentale del nostro interlocutore, ossia la categoria di appartenenza.

CAPITOLO 2:
Come comprendere il mondo esterno

Nel precedente capitolo hai iniziato a muovere i primi passi all'interno di quel mondo alieno che è oggi il tuo interlocutore, addentrandoti nella giungla della comunicazione avanzata. Attraverso i veloci accenni letti finora, stai iniziando a capire i meccanismi della mente umana e, spero, tu sia sempre più incuriosito da come sfruttare determinate strategie o segnali. Ora, mentre sei comodamente seduto e leggi queste righe, non so se ti stai rendendo conto di come tu stia già imparando, nonostante non ti abbia ancora insegnato più di tanto a finalizzare la tua persuasione e a renderla vincente.

Ciò è dovuto a quanto scritto nell'introduzione, ossia alla tua apertura mentale che riuscirà a fare di questi miei accenni e di tutto il contenuto di questo libro, strumenti utili al miglioramento comunicativo. Quindi, la buona riuscita del processo evolutivo, dipende anche da te e dalla tua elaborazione di ogni parola. Anche questa è Persuasione Neuro-Linguistica.

Sicuramente ti incuriosisce la polisensorialità comunicativa di cui abbiamo parlato e non stai più nella pelle dalla voglia di capire come il tuo interlocutore elabori le tue parole. Ti accontento subito, entrando nel merito dei sistemi rappresentazionali, dell'analisi extra-verbale e dei metaprogrammi a selezione funzionale.

Il Sistema Rappresentazionale VAKog

In origine l'acronimo era semplicemente VAK. Agli albori della PNL ci si limitava a prendere in esame V = Visuale, A = Auditivo e K = Cinestesico (o Cenestesico) per analizzare il canale mediante il quale, ognuno di noi, elabora sensorialmente le informazioni. Se per V e A il senso è semplice, dove con V identifichiamo un soggetto che prevalentemente (per lo meno in quella situazione) elabora le informazioni per immagini e con A colui che elabora le informazioni per suoni, quindi mediante l'udito, nel caso del canale rappresentazionale K il significato è meno immediato. Parliamo di colui che vive le informazioni sulla pelle, le annusa, le gusta. Hai già capito che si tratta di quell'interlocutore che elabora le informazioni per sensazioni ed emozioni.

Nel corso degli anni, compresa l'importanza dell'olfatto e del gusto, il sistema inizialmente definito VAK (dove appunto queste due ultime componenti d'elaborazione erano racchiuse in K) è stato esteso al nuovo acronimo VAKog, assegnando una categoria separata, seppur secondaria, all'olfatto e al gusto.

SEGRETO n. 6: tutti noi elaboriamo ciò che ci coinvolge per immagini, suoni o sensazioni. È importante tener presente che, seppur esista un sistema primario o privilegiato che dir si voglia, il sistema rappresentazionale è comunque situazionale.

In altre parole, potresti far prevalere l'analisi visiva sul lavoro ma essere cinestesico con la tua fidanzata e auditivo con gli amici. Ricorda sempre che tutto dipende dai fattori esterni, che non esiste oggettività a livello di elaborazione interiore e che «la mappa non è il territorio». Ciò vale anche per la comunicazione non verbale e per l'uso dei metaprogrammi, ma torneremo su quest'ultimo importantissimo concetto approfondendolo più avanti e comprendendo il senso della frase posta tra virgolette.

Torniamo ora ai canali rappresentazionali, ossia a come, nella propria mente, la persona con cui interloquiamo elabora le nostre parole o le informazioni e gli stimoli giunti dal mondo circostante. A questo proposito è molto utile non solo l'attento ascolto delle parole utilizzate dall'interlocutore, ma anche l'osservazione di alcune gestualità, della respirazione e, soprattutto, del movimento dei bulbi oculari.

SEGRETO n. 7: quando elaboriamo le informazioni muoviamo gli occhi, seppur impercettibilmente. Questo movimento si definisce LEM (Lateral Eye Movements) ed è dovuto a un particolare processo cognitivo che mette in relazione questi movimenti con i canali d'accesso e con le rappresentazioni interne.

Un primo accenno storico sul significato di questi movimenti, si può rintracciare nel lontano 1890 negli studi dello psicologo americano William James che scrive:

«*Prestando attenzione a un'idea o sensazione che appartiene a una particolare sfera sensoriale, il movimento* (degli occhi) *è l'aggiustamento dell'organo sensoriale, sentito come esso accade. Non posso pensare in termini visuali, o esempi, senza sentire un gioco fluttuante di pressioni, convergenze, divergenze e accomodamenti nei miei bulbi oculari. Quando tento di ricordare o riflettere, i movimenti in questione sembrano come una sorta di estraniamento dal mondo esterno. Da quel che posso capire, queste sensazioni sono dovute a una rotazione verso l'esterno e verso l'alto dei bulbi oculari*».

Le osservazioni del Dott. James caddero nel dimenticatoio e lì rimasero fino all'inizio degli anni Settanta quando, per mano di diversi studiosi del settore, l'analisi dei movimenti oculari, in relazione ai sistemi rappresentazionali e all'uso degli emisferi cerebrali, torna ad essere sviluppata. L'approfondimento di questi studi, però, va attribuito alla PNL in generale e a Robert Dilts in particolare. Dilts condusse nel 1977, presso l'istituto di Neuropsichiatria Langley Porter di San Francisco, lo studio più completo che permise di mettere in relazione il movimento oculare (movimento Dilts) con le elaborazioni mentali e con i processi neurofisiologici e cognitivi.

Naturalmente il risultato di questi studi, approfonditi poi in collaborazione con Richard Bandler e John Grinder (fondatori della PNL), è applicabile, in linea di massima, ai destrorsi. Nel caso dei mancini, è necessario ribaltare lo schema che ti riporto perché in loro è invertita la corrispondenza con gli emisferi cerebrali. Vedremo tra poco a cosa può servirci capire quali siano i modi d'accesso del nostro interlocutore. Intanto, attraverso un semplice schema, iniziamo a riconoscere questi movimenti e a orientarne il significato:

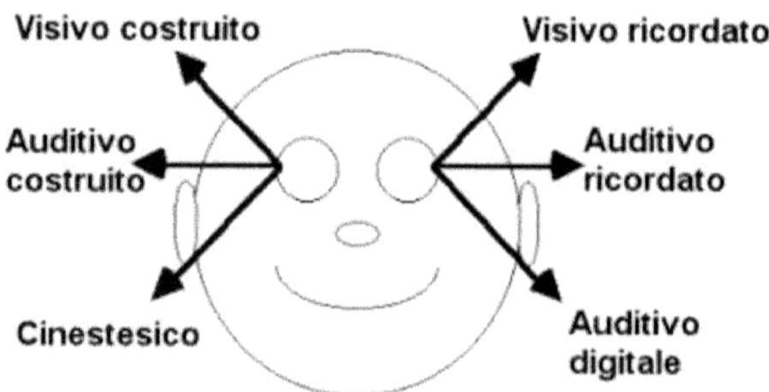

Immagine tratta dai corsi di PNL di ISI CNV

Occhi in alto a sinistra: visualizzazione emisfero non dominante. Esempio: immagine ricordata (Vr).

Occhi in alto a destra: visualizzazione emisfero dominante. Esempio: immagine costruita e fantasia visiva (Vc).

Occhi di lato a sinistra: processo uditivo dell'emisfero non dominante. Esempio: suoni ricordati, parole, ripetizioni (Ar) e distinzioni di tonalità.

Occhi di lato a destra: processo auditivo emisfero dominante. Esempio: suoni e parole costruite (Ac), ripetizioni (come le filastrocche) o anche distinzioni di tonalità.

Occhi in basso a sinistra: dialogo interno (Ad).

Occhi in basso a destra: sensazioni, sia tattili che viscerali, olfattive e gustative, emozioni e sensazioni (K).

Vediamo nel dettaglio quanto ho riportato nello schema e come servircene per migliorare la nostra persuasione. Le semplici domande che leggerai tra poco ti permetteranno di approfondire i sistemi rappresentazionali del tuo interlocutore e parlargli di conseguenza. Sono solo degli esempi a scopo didattico, sviluppa le tue domande di approfondimento sui canali d'accesso in base alla conversazione in corso.

Visivo ricordato: «Di che colore era la tua prima automobile?» A questa domanda, l'interlocutore interrogherà la sua memoria visiva e (di norma) guarderà in alto alla sua sinistra.

Visivo costruito: «Riesci a immaginare un elefante verde smeraldo?» A questa domanda, l'interlocutore dovrà far ricorso alla sua creatività e quindi guarderà in alto alla sua destra.

Auditivo ricordato: «Te la ricordi ancora quella canzone?» A questa domanda, l'interlocutore interrogherà la sua memoria auditiva e (di conseguenza) guarderà lateralmente alla sua sinistra.

Auditivo costruito: «Te lo immagini un gatto che nitrisce?» A questa domanda, l'interlocutore dovrà far ricorso alla sua creatività e, trattandosi di suoni, guarderà lateralmente alla sua destra.

Auditivo digitale (dialogo interno): «Pensa alle cose che dici più spesso a te stesso». In questo frangente il soggetto chiederà supporto alla sua voce interiore, guardando in basso a sinistra.

Cinestesico (sensazione tattile): «Immagina la sensazione della neve sulle mani». (Sensazione viscerale / emozionale) «Ti ricordi quanto eri soddisfatto per aver risolto quel problema?» (Sensazione olfattiva / gustativa) «Ti ricordi che profumo di pane caldo nella casa di tua nonna?» «Ricordi il sapore delle sue torte?» Queste suggestioni condurranno gli occhi dell'interlocutore, attivando la memoria cinestesica, verso il basso alla sua destra.

Ora, non so se ti stai rendendo conto del potere che avrai nelle tue mani quando saprai riconoscere a colpo d'occhio questi segnali. Sicuramente capisci, se non altro perché l'ho già detto nelle precedenti pagine, l'importanza di usare le stesse parole del nostro interlocutore. Unisci a questo anche l'utilizzo degli stessi canali sensoriali e degli stessi predicati. Pensa, quanto sarebbe più sintonico parlare in termini auditivi a una persona che, in quel preciso momento, elabora le tue informazioni secondo quel preciso canale rappresentazionale. Non resta quindi che allenarti a riconoscere questi segnali, calibrando poi la tua comunicazione, la scelta di ciò che trasmetti, per assecondare al massimo, appagandola, quella percettività.

A titolo di esempio, ti elenco una serie di predicati sensoriali che faciliterà la tua valutazione dell'interlocutore e ti aiuterà a capire più rapidamente come settare la tua comunicazione in base al canale rappresentazionale in uso.

VISIVO	AUDITIVO	CINESTESICO
Inquadrare, immaginare, mettere a fuoco, mostrare, illustrare, chiarire, chiaro, brillante, punto di vista, visione, prospettiva, occhiata, rivelare, esporre, vedere allo stesso modo, veditela tu, ben definito, immagine mentale, in vista di, ben chiaro, come la vedo io, ben in vista, visione poco chiara, si assomiglia, evidente, un approccio miope, idea nebulosa, fare una scenata, senza ombra di dubbio, sbirciare.	Ascoltare, rumore, descrivere, dire, domandare, parola chiave, udire suoni, melodia, spiegare, tono, ad alta voce, comporre, domanda, riflessione, descrivere in dettagli, esprimersi, fare attenzione, l'ho già sentito, ben informato, esprimere un'opinione, parola per parola, forte e chiaro, per così dire, fare appello a, armonioso, altisonante, inaudito, chiassoso, sordo come una campana.	Toccare, afferrare, impatto, scuotere, vibrare, strofinare, stimolato, triste, impressione, irritare, sentire, panico, dolore, calma, ricominciare, sfuggire di mente, ti combatterò, rimuginare, in breve, solide, fondamenta, problematico, controllati, scocciatore, tenere in sospeso, discussione animata, tagliare la testa al toro, mettiti in contatto con, non ti seguo, con la puzza sotto il naso, sono rimasto amareggiato.

Poiché la PNL è pratica prima che teoria, è uso comune svolgere degli esercizi per sviluppare determinate capacità, per rendere automatici determinati atteggiamenti o modi di fare. Proprio per questo, ti suggerisco di esercitarti a sviluppare la capacità di riconoscere il canale attraverso il quale la persona cui parli elabora le tue parole. Forse può esserti utile disegnare uno schema su un foglio, un semplice quadrato suddiviso poi in sei quadrati uguali (come quando da ragazzi si giocava a Tris) che corrisponderanno alle categorie rappresentazionali. Ecco un esempio:

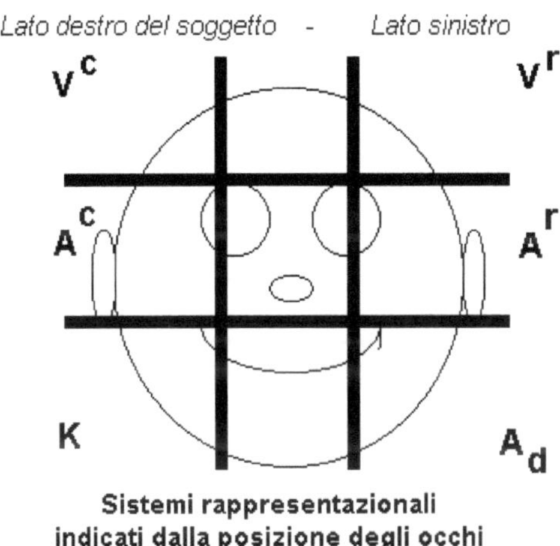

Immagine tratta dai corsi di PNL di ISI CNV

Accavallando idealmente le due immagini (il disegno del viso e il quadrato a nove settori) avrai l'esempio completo di come codificare e utilizzare i settori che ti aiuteranno a riconoscere il canale sensoriale in base al movimento degli occhi. In funzione delle risposte che otterrai dal tuo interlocutore, apponi delle crocette nel riquadro corrispondente, otterrai così il canale rappresentazionale primario o, per lo meno, quello più frequente. Ora conosci il funzionamento e hai lo strumento per tenerne traccia.

Divertiti a scoprire il sistema rappresentazionale dei tuoi amici, avvalendoti dello schema che, spero, ti sarà utile, fino a rendere istintiva e automatica la comprensione degli stessi. A quel punto, esercitati a parlare usando gli stessi predicati in base al feedback comunicato dall'interlocutore. Ad esempio: lui ti parla per immagini? Tu rispondi per lo stesso canale, aumentando così la possibilità di sintonia e comprensione, di portare il tuo messaggio a un livello più profondo. L'analisi del movimento dei bulbi oculari è solo uno degli strumenti di precisione che ti consegno, allo scopo di farti comprendere meglio i meccanismi mentali dell'interlocutore. Ora, non so se ti stai rendendo conto di cosa esso nasconde tra le righe e del suo teorico potere: mi riferisco alla lettura della menzogna e dell'incongruenza.

Come ho già detto in precedenza, è un grave errore generalizzare, attribuire un significato rigido a un singolo segnale. È sempre opportuno incrociare i segnali stessi, siano essi verbali, paraverbali, non verbali, oculari ecc. fino a creare un riscontro che eviti il fraintendimento. Ogni singolo segnale è solo un accenno da riscontrare e quanto sto per dirti, per quanto di importanza straordinaria, va sempre messo in relazione con tutto il resto dei segnali.

Non stupirti: il movimento degli occhi può rivelare la menzogna. In linea di massima e in senso puramente teorico, sia chiaro, ma è pur sempre un indizio e come tale ti prego di trattarlo. Pensa a quanto hai letto poco fa, alla distinzione tra lato destro e sinistro, tra costruito e ricordato. Se io ti chiedo di che colore era la tua prima auto (ammesso che tu sia destrorso, perché per i mancini spesso la situazione si ribalta) e i tuoi occhi corrono in alto a destra (visivo costruito) è molto probabile che tu mi stia mentendo. Naturalmente la menzogna può non essere una bugia fine a se stessa. Potrei chiederti di immaginare qualcosa che non hai mai visto, quindi la tua rappresentazione sarebbe di pura fantasia. Usa con accortezza questo strumento, può darti degli indizi utili a capire le persone e a smascherare le bugie, o per lo meno le sue incongruenze, ma fallo con criterio e non standardizzare mai ciò che leggi nelle persone. Fidarsi di un solo indizio condanna gli innocenti, non dimenticarlo mai.

SEGRETO n. 8: l'osservazione del movimento degli occhi è utilissima per capire attraverso quale canale rappresentazionale il nostro interlocutore elabori le nostre parole. Capito questo, riusciremo a parlare direttamente a quel canale risultando vincenti e persuasivi come mai prima.

A questo tipo di osservazione, potrai unire anche quella della comunicazione paraverbale e non verbale. Anche i gesti e il tono della voce, infatti, dicono molto del nostro interlocutore e possono completare quell'analisi che ci porterà a capirlo meglio e ad essere più convincenti.

Sempre in tema di canali rappresentazionali, ad esempio, il *visivo* parlerà spesso con un tono di voce alto e veloce, gesticolerà con braccia e mani, disegnerà nell'aria come a dar forma ai suoi pensieri, spesso scarabocchierà su di un foglio mentre parla o ascolta. Colui che invece accede alle informazioni per via *auditiva*, parlerà più piano, gesticolerà seguendo il ritmo delle sue parole, con un tono più basso. Infine, il *cinestesico* tenderà a parlare con voce bassa e calda, lentamente, con una gestualità che coinvolge a livello tattile, gli oggetti e spesso anche l'interlocutore.

Decidere che il nostro interlocutore ci stia raccontando bugie sulla base del solo movimento degli occhi è molto pericoloso. Valuta attentamente l'insieme dei suoi atteggiamenti e del suo feedback inconscio, prestando attenzione anche alla gestualità. Si dice che, quando l'interlocutore si tocca il naso, sta mentendo. Nessun gesto può darci la certezza di ciò, ma l'insieme di più indizi può condurci alla prova.

Un prurito improvviso, la respirazione accelerata, una sudorazione eccessiva, unitamente a chiari segni di tensione (ad esempio cambiare continuamente posizione, il tossire nervosamente) può tradursi sicuramente in uno stato di disagio e, probabilmente, se unito al movimento oculare diretto alla sfera del costruito può smascherare una menzogna o un'incongruenza. Valuta sempre l'insieme con la dovuta cautela.

La mappa non è il territorio

Ognuno di noi è unico nel suo modo di percepire la realtà circostante e nell'elaborazione dei segnali e delle informazioni. Ciò in virtù del proprio vissuto, delle proprie credenze e dei propri valori e convinzioni che ci disegnano una mappa della realtà nella mente. Ma la mappa non è il territorio, è solo una sua rappresentazione soggettiva. In estrema sintesi questo è il significato della frase che dà il titolo al paragrafo e che è frutto della mente di Alfred Korzybski, ingegnere, filosofo e matematico di origini polacche, autore della disciplina definita *General Semantics*. Da queste considerazioni ne consegue che non esiste un modo unitario e oggettivo di vedere le cose, secondo parametri classici di giusto o sbagliato, etico o meno, buono o cattivo.

Queste rappresentazioni sono il frutto delle esperienze soggettive e del nostro vissuto e sono uniche per ognuno di noi, pur vivendo negli stessi luoghi e conducendo vite simili.

SEGRETO n. 9: il concetto secondo cui *la mappa non è il territorio* è uno dei principi fondamentali nello studio della comunicazione e torna utile per conseguire una buona capacità persuasiva, onde evitare quegli atteggiamenti distonici dovuti all'errata imposizione del nostro modello percettivo.

È necessario, per conseguire una buona comunicazione, riflettere sull'esistenza di una realtà esterna che spesso contrasta con la rappresentazione interna della stessa, in virtù dei filtri che noi applichiamo alla realtà. Un foglio bianco è un oggetto uguale per tutti, ma se tu chiedessi a un poeta, a un musicista e a un ingegnere di descriverlo, specificandone la funzione d'utilizzo, otterresti tre definizioni molto diverse.

Il poeta ti parlerebbe probabilmente del foglio come di un contenitore all'interno del quale prenderà presto vita una poesia non ancora scritta e dell'ispirazione tratta dalla carta candida e liscia. Il musicista immaginerebbe le linee del pentagramma già vergate sul foglio e la melodia che è in procinto d'inserirvi. L'ingegnere, per finire, apprezzerebbe la consistenza del supporto, le dimensioni, visualizzando in esso il disegno che vi apporrà e che già ha nella sua mente. È lo stesso oggetto, ma ognuno dei tre lo rappresenta secondo i suoi filtri rappresentazionali. Comprendere l'altrui mondo e affiancarvi il nostro punto di vista su pari livello, è il primo passo verso una corretta comunicazione, da cui derivano delle strategie, di cui parleremo, atte a creare sintonia anche nel disaccordo.

La saturazione delle informazioni

«La coscienza è un fenomeno limitato. Specificamente, come esseri umani siamo limitati a rappresentare nella nostra coscienza un numero finito ed esiguo di elementi di informazione». Nel suo oramai classico articolo *Il magico numero sette più o meno due* George A. Miller (1956) traccia un accurato profilo dei limiti della coscienza. In sostanza, la sua ricerca lo porta alla conclusione che noi siamo in grado di ospitare nella coscienza 7 più o meno 2 (*chunk*) di informazione. Una delle implicazioni di maggiore interesse dell'articolo di Miller è che le dimensioni del pezzo sono variabili. In altre parole, il limite del 7 più o meno 2 non riguarda il numero dei bit di informazione, ma quello dei pezzi. Pertanto, «con l'oculata selezione del codice con cui organizziamo la nostra esperienza cosciente, abbiamo un'ampia latitudine entro la quale aumentare la quantità dei bit di informazione che ci possiamo rappresentare consciamente». (Bandler & Grinder, *La struttura della magia*).

Studi successivi parrebbero ridimensionare le conclusioni di Miller e, soprattutto, il numero di blocchi d'informazione che ogni persona, di norma, può elaborare contemporaneamente in funzione della sua memoria a breve termine. A differenza del 1956, oggi si tende a posizionare il numero di blocchi "digeribili" tra i 3 e i 4 e non più basandosi sull'ottimistico 7 (± 2) che sarebbe dovuto a un errore d'interpretazione del documento originale.

In altre parole, quanto riportato da Bandler e Grinder, partendo dall'articolo di Miller, deve servirci solo per capire e per riorganizzare la nostra comunicazione, evitando di frammentare oltre il necessario gli argomenti e accorpando in blocchi (*chunk*) quanto abbiamo da dire, rendendolo più facilmente memorizzabile e comprensibile. Un esempio di accorpamento possono essere le lettere raggruppate in parole. Così facendo, riusciremo a ricordarne più del numero studiato e a elaborare più informazioni contemporaneamente.

I Metaprogrammi

I *metaprogrammi* sono, letteralmente, i programmi dei programmi, ossia quell'insieme di schemi mentali che inducono un comportamento e che ci orientano verso una scelta. Pensa a un discorso fatto a un gruppo di persone: certo avrai notato come, a parità di messaggio, le reazioni siano molto diverse da soggetto a soggetto.

Ciò è dovuto sicuramente alle proprie convinzioni, alle proprie credenze e valori, a quanto abbiamo già visto parlando degli studi di Korzybski e della sua famosa frase *la mappa non è il territorio*. Ma non solo. Attraverso i metaprogrammi in uso, in base alla circostanza e al momento, ognuno di noi segue le sue strategie decisionali e, al pari di un computer, lancia il programma più utile applicando i suoi filtri dell'attenzione. Di conseguenza avremo, nel gruppo di cui sopra, persone interessate a ciò che diciamo e altre assolutamente refrattarie alle nostre suggestioni. Saper gestire e incanalare le corrette informazioni, nel giusto numero di blocchi (il magico numero 7 di Miller) e toccando i corretti tasti, farà si che la nostra comunicazione sia più efficace e profonda. Leggendo fin qui hai già iniziato a imparare come sfruttare in maniera funzionale allo scopo i canali rappresentazionali parlando con gli stessi predicati che usa il tuo interlocutore.

Per completare l'opera, rendendo davvero la tua una comunicazione *sottopelle*, non ti resta che entrare in *rapport* con la persona con cui stai parlando, seguire le sue rappresentazioni sensoriali e i suoi metaprogrammi. Partiamo da questi per capire di cosa stiamo parlando e poi vedremo come indurre la sintonia profonda dataci dal rapport. Per introdurre l'argomento, immagina graficamente il concetto di metaprogramma come fosse un centro ideale da cui si diramano, diametralmente opposte, due strade che rappresentano le due alternative comportamentali.

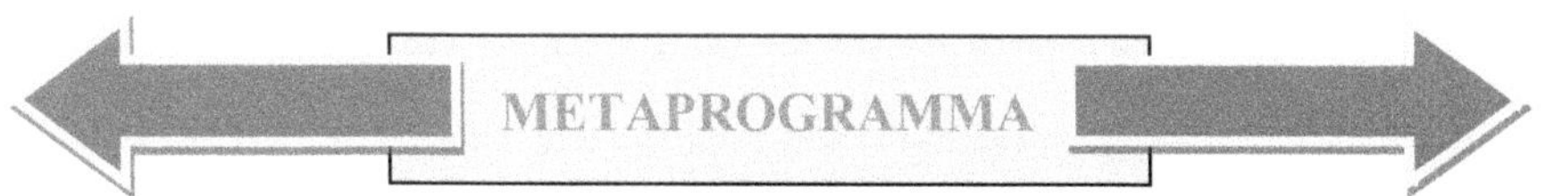

SEGRETO n. 10: ogni metaprogramma, partendo da un ideale punto di equilibrio, si dirama in due direzioni opposte, ossia si sviluppa in due alternative. Di norma ogni persona protende per una delle due modalità.

Passo a descriverti quelli che secondo me sono i principali metaprogrammi, prevalentemente metaprogrammi a selezione funzionale, per aiutarti a riconoscerli e a capire quale alternativa modale sia in uso allo scopo di migliorare la tua capacità persuasiva direzionando meglio le decisioni delle persone e motivandole alla scelta che tu vuoi perseguire. Noterai che le due direzioni di ogni metaprogramma sono praticamente opposte e quindi ti sarà molto facile, una volta capito il meccanismo ed estratto il filtro in uso, definire con naturalezza la strategia comunicativa da seguire.

Anche in questo caso, si tratta da parte mia di rapidi accenni di definizione dei metaprogrammi, per ognuno dei quali farò un veloce e semplice esempio strategico per massimizzare il risultato. Come abbiamo già visto per i canali rappresentazionali, gli esempi sono a esclusivo scopo didattico. Anche in questo caso ti invito a esercitarti per affinare le tue capacità di capire le persone per parlare loro con sempre maggiore capacità, creando la tua strategia linguistica, caso per caso.

Metaprogramma "Direzione" (Verso – Lontano da):

Nel caso di un **verso**, la persona si muoverà verso ciò che desidera e che vuole, agendo per raggiungere un obiettivo o uno status. Spesso minimizza le difficoltà e le possibili conseguenze. Risponde agli incentivi. Dice ciò che vogliono, parla di quello che farà, guadagnerà, otterrà. Ti parlerà di ciò che vuole conseguire o raggiungere con quella precisa azione intrapresa. In questo caso ti basterà enfatizzare il risultato di ciò che tu gli proponi, sottolineando il tuo andare nella sua stessa direzione, permettendo il raggiungimento di quello status che lui desidera. Un *verso* ti dirà che ha acquistato quel determinato macchinario perché vuole portare la sua azienda ad essere leader del settore. Una risposta del tipo «I miei servizi ti aiuteranno a raggiungere e a rafforzare quella leadership» sarà musica per le sue orecchie.

Per contro, un **lontano da** si allontanerà dal problema cercando di evitare ciò che non vuole o desidera. Spesso ha difficoltà a definire obiettivi ed è quasi sempre distratto dalle conseguenze negative. Il *lontano da* motiverà le sue scelte nell'ottica del «Non voglio più che ciò accada, voglio tenermi lontano da determinate conseguenze...». Sarà opportuna, in questo caso, una risposta opposta a quella data al verso, quindi tesa a confermare l'allontanamento da ciò che lui teme.

Metaprogramma "Indice di Referenza" (Interno – Esterno):
Ci sono persone che, nel processo decisionale, tengono conto dell'indice referenziale. Nel caso di un indice **interno**, avremo a che fare con un interlocutore che ha un criterio personale di valutazione e/o di giudizio. Il cosiddetto *interno* terrà conto di input esterni, ma deciderà sempre in base alla sua esperienza. Da lui puoi aspettarti frasi del tipo «Io ho deciso...» «Io so che è così...». Esalta la sua capacità decisionale, il fatto che nessuno meglio di lui possa saperlo, calca la mano sulla sua esclusiva possibilità di scelta, usa frasi del tipo «Solo tu puoi saperlo...»; «Chi meglio di te potrebbe prendere questa decisione...»; «Le cose stanno così, decidi tu...»; «A te la scelta...», e lo toccherai nel profondo del suo essere percettivo.

Nel caso di un **esterno** avrai il soggetto opposto, ossia colui che deciderà in funzione di riscontri esterni (l'amico, la moglie, il socio, il commercialista ecc.) e citerà ciò che già altri hanno fatto o deciso in merito. Decidono in funzione dell'esterno. *Si affida a persone nelle quali identifica autorità o preparazione specifica.*

Le sue decisioni e i giudizi si basano quasi esclusivamente sul giudizio di altri. Ha bisogno di essere guidato e seguito continuamente. È evidente come, al contrario della referenza interna, sia il caso di essere rassicuranti, di portare testimonianze di cosa già altri hanno fatto o scelto, citando le statistiche. Usa frasi del tipo: «È risaputo che»; «Tutti sanno che»; «In tanti già lo fanno...».

Metaprogramma "Ragione" (Necessità – Possibilità):

Nel caso di una modalità **necessità**, il nostro interlocutore sarà motivato dalle necessità, appunto, dai doveri, dall'assenza di alternative. Tenderà ad accettare la situazione e ad adattarsi agli eventi. Spesso si esprimerà con «Devo, bisogna, è necessario, per forza, è opportuno, non ho alternative». Il *necessità* vuole essere rassicurato. Sarà opportuno dire frasi del tipo: «Perché ha bisogno di»; «Non può far altro che»; «È opportuno operare...», per smuovere il suo torpore decisionale. Per contro, il **possibilità** ama scegliere, motivato dalle opportunità, solitamente attratto dal creare nuovi modi di operare, nuovi metodi e nuove procedure. Non apprezza la routine, è motivato dalla possibilità di ottenere un obiettivo in modi alternativi. Vorrà sentir parlare di novità, di rinnovamento, di scelta.

Metaprogramma "Controllo" (Reattivo – Proattivo):

Questo metaprogramma è simile (non uguale) al precedente. Anche in questo caso avremo il **reattivo** che si adegua alle circostanze, che "deve" fare qualcosa, che agisce di riflesso agli eventi. In altre parole, che spesso corre ai ripari. Il **proattivo** come già per il *possibilità* sperimenterà strade nuove, osa, tende a influenzare gli eventi. Le strategie da affinare sono simili al precedente metaprogramma (ragione).

Metaprogramma "Relazione" (Adeguante – Disadeguante):

Se sei un venditore, questo è uno dei metaprogrammi che più di altri può esserti utile. Esso ti suggerisce, in maniera molto chiara e precisa, se porre l'accento, ad esempio nel proporre un prodotto, sulle somiglianze o sulle differenze con prodotti della stessa categoria. In modalità **adeguante** il nostro interlocutore ricercherà le somiglianze con qualcosa di simile, magari con ciò che già usa, per confrontarlo con la tua proposta. In assenza di raffronto immediato, cercherà i punti di contatto con la sua esperienza specifica. Sarà spesso accomodante, assertivo, poco incline a dimostrare disaccordo. In modalità **disadeguante** invece, l'accento sarà posto sulle differenze.

Evidentemente, nel primo caso ti sarà utile parlare dei punti in comune tra i due oggetti, valorizzando le migliorie, mentre nel secondo caso dovrai esaltare le differenze in maniera abbastanza netta. L'interlocutore in modalità disadeguante, inizierà spesso le frasi con un No, dimostrandosi contrastante e porrà l'accento su ogni cosa che pensa diversamente da ciò che tu dici. È lampante come nel primo caso dovrai fare leva sulle somiglianze, mentre nel secondo spingerai sulle discordanze. Nell'estrazione di qualsiasi metaprogramma, ma di questo in particolare, ricorda di non suggerire mai la risposta. Non chiedere quali siano le differenze o le somiglianze, altrimenti avrai indotto un metaprogramma non spontaneo e la risposta sarà totalmente inutile.

Metaprogramma "Attenzione" (Processo – Obiettivo):

Nella modalità **processo** il tuo interlocutore elencherà ogni passo e ogni azione necessaria al raggiungimento del risultato. Se gli chiedi cosa intende fare per smettere di fumare, potrebbe parlarti per ore di cerotti alla nicotina, di ipnosi, agopuntura o della liquirizia di Rossano Calabro. Nella modalità **obiettivo** invece, non devi stupirti se, alla stessa domanda, ti sentirai rispondere «Lo farò e basta».

In questa modalità, l'interlocutore è interessato solo al risultato e, al pari del proattivo, tenderà ad aggiustare la mira strada facendo. La comunicazione da indirizzare a queste due modalità sarà strettamente legata allo stile espressivo dell'interlocutore: prolissa e dettagliata nel caso dell'alternativa *processo*, rapida e concisa per quella di *obiettivo*.

Metaprogramma "Dimensione" (Generale – Dettaglio):

Questa strategia, nel filtrare le informazioni, chiarisce ancora di più quanto appena espresso nel caso del metaprogramma *attenzione* e chiarisce ancora una volta il concetto dei *chunk* di Miller. Capire quale delle due modalità segue il nostro interlocutore, ci aiuterà a non sovraccaricarlo parlandogli in generale, nel primo caso e in dettaglio, nel secondo caso.

Se non lo hai mai fatto prima, alla luce di quanto hai appena imparato, potrai prestare maggiore attenzione, nella tua prossima "chiacchierata" a quelli che sono i filtri dell'attenzione del tuo interlocutore, ossia a quali metaprogrammi egli utilizza, attraverso le domande di estrazione. I metaprogrammi si estraggono semplicemente ascoltando l'interlocutore e ponendo domande specifiche, in base al filtro che vogliamo approfondire.

Queste domande saranno necessariamente aperte (es.: «Di cosa vi occupate nella vostra azienda?») per permettere al nostro interlocutore di aprirsi, parlare a lungo e non liquidarci con un sì o con un no. Ti stupirai a capire, mentre parli e ascolti, in maniera del tutto automatica (a condizione di esercitarsi nel tempo) se il tuo interlocutore è un Verso o un Lontano da, se ragiona in termini proattivi o reattivi, di necessità o possibilità, se la sua referenza è interna o esterna, se si sente parte di un insieme o si vede come singolo nel contesto (aggregante/disaggregante) ecc. Estratti questi filtri, ti sarà facilissimo calibrare meglio la tua comunicazione, mirando a colpo sicuro il centro dell'obiettivo.

Questa analisi ti permetterà ovviamente di creare una comunicazione sintonica, allineando i tuoi filtri a quelli dell'interlocutore, giungendo a una più completa condivisione motivante con le persone che ti circondano. Considera sempre l'analisi dei metaprogrammi come uno strumento in più che ti sarà utile per osservare e capire il mondo sotto nuovi punti di vista. Ciò non potrà che portare alla tua comunicazione e alla tua vita, un ulteriore arricchimento in termini di crescita personale.

Nel prossimo capitolo vedremo come entrare in uno stato di rapport efficace, mediante la calibrazione, il ricalco e la guida, creando quella sintonia che facilita i rapporti interpersonali e, nel caso di quelli di lavoro, agevola la comprensione, la persuasione e il risultato finale. Vedremo anche tutte quelle strategie linguistiche per comunicare al meglio. In attesa di approfondire quanto appena accennato, non dimenticare di esercitarti nella comprensione dei sistemi rappresentazionali e nell'estrazione dei metaprogrammi. L'essere umano, così come l'animale, è costretto a imparare quasi tutto ciò che poi farà nel corso della sua vita. E a furia di mettere in pratica ciò che ha appreso, lo rende spontaneo e naturale. Accade per il semplice camminare (attività che apprendiamo per modellamento degli adulti, come dimostrato da Pavlov nell'esperimento con le oche che, a loro volta, imparano seguendo i movimenti della madre), per il parlare, per la guida e per altre mille attività.

All'inizio siamo impacciati, poi, con la messa in pratica continua, tutto ci viene naturale. L'esercizio è importantissimo per rendere automatico ciò che stai imparando e faciliterà la creazione delle tue strategie personali rendendoti un comunicatore sempre più vincente. E soprattutto, impara a osservare e ad ascoltare, vale più di mille parole. Ora, vinci la pigrizia e prosegui con passione l'affascinante cammino verso il tuo miglioramento personale.

RIEPILOGO DEL CAPITOLO 2:

- SEGRETO n. 6: Tutti noi elaboriamo ciò che ci coinvolge per immagini, suoni o sensazioni. È importante tener presente che, seppur esista un sistema primario o privilegiato che dir si voglia, il sistema rappresentazionale è comunque situazionale.
- SEGRETO n. 7: Quando elaboriamo le informazioni, muoviamo gli occhi seppur impercettibilmente. Questo movimento si definisce LEM (Lateral Eye Movements) ed è dovuto a un particolare processo cognitivo che mette in relazione questi movimenti con i canali d'accesso e con le rappresentazioni interne.
- SEGRETO n. 8: L'osservazione del movimento degli occhi è utilissima per capire attraverso quale canale rappresentazionale il nostro interlocutore elabori le nostre parole. Capito questo, riusciremo a parlare direttamente a quel canale risultando vincenti e persuasivi come mai prima.
- SEGRETO n. 9: Il concetto secondo cui *la mappa non è il territorio* è uno dei principi fondamentali nello studio della comunicazione e torna utile per conseguire una buona capacità persuasiva, onde evitare quegli atteggiamenti distonici dovuti all'errata imposizione del nostro modello percettivo.

- SEGRETO n. 10: Ogni metaprogramma, partendo da un ideale punto di equilibrio, si dirama in due direzioni opposte, ossia si sviluppa in due alternative. Di norma ogni persona protende per una delle due modalità.

CAPITOLO 3:
Come convincere il mondo esterno

Eccoci giunti al dunque, ossia al momento più atteso, quello in cui, dopo aver tanto ascoltato e osservato, prenderai finalmente la parola. Se come spero ti sei esercitato, ora sai, molto meglio di prima come sfruttare i segnali che il tuo interlocutore, con i gesti, gli occhi e le parole, via via ti darà. Da queste basi potrai partire per continuare sulla via di un completo stato sintonico per giungere poi a trovare le giuste parole in ogni situazione. Partiamo dalla necessità fondamentale della comunicazione: la sintonia.

Abbiamo già visto la distinzione importantissima tra empatia e sintonia. Soprattutto se come me sei un coach, fai attenzione a non cadere nell'equivoco.

SEGRETO n. 11: la necessità di creare la giusta sintonia, instaurando un corretto rapport, è ancora più evidente se

pensiamo alla paura innata in tutti noi verso ciò che è estraneo e diverso. Da qui, appunto, deriva la necessità di renderci più simili al nostro interlocutore.

E questo è tanto più vero quando non abbiamo alcun riferimento su una data persona (come ad esempio qualcuno che ci ha già parlato di essa) e non ci sono situazioni che favoriscono l'incontro (un appuntamento, una riunione a tema in cui tutti hanno determinate affinità). L'approccio iniziale crea disagio a tutti: nella nostra mente si creano dubbi e domande sul modo di farsi avanti e su cosa penserà l'altro di noi. Spesso, soprattutto le persone timide o insicure, non passano all'azione per la paura di disturbare, di trovare la persona non disponibile a ricambiare e di non saper gestire la situazione con parole e comportamento.

Da un punto di vista prettamente psicologico, il timore di essere rifiutati è la prima incognita che ci inibisce. D'altro canto, la persona che riceve l'attenzione può davvero risultare infastidita di fronte a un estraneo che si propone senza utilizzare alcune accortezze. Ciò, per quanto paradossale possa sembrare, accade anche nella persona che ti riceve in un meeting di lavoro. Per di più con l'aggravante della diffidenza. Ecco perché si rende necessario un processo che crei, con naturalezza, quella sintonia utile a vincere ogni paura di sorta.

Il Rapport

In Programmazione Neuro-Linguistica ciò che definiamo rapport è esattamente quanto il termine ti evoca: uno stato di condivisione profondo e di profonda sintonia, che porta il tuo interlocutore a percepirti come simile a lui, come affidabile, come la persona o il professionista presso cui riporre la propria fiducia, con cui aprirsi e al quale chiedere consiglio. Inevitabilmente, questa sintonia, migliorerà tutte le tue relazioni influenzando in modo positivo, soprattutto nel caso delle vendite e della consulenza, le tue performance professionali. Naturalmente, oltre a capire come ottimizzare il rapport, vedremo come essere ancora più incisivi nella persuasione, nell'ascolto attivo, nell'evitare termini distonici e avversativi. In altre parole, come essere noi al meglio in ogni situazione. Solo riuscendo a creare una buona apertura, un fattivo rapporto di fiducia, di condivisione e sintonia, avremo la pienezza delle nostre capacità persuasive finalizzate ai nostri intenti.

SEGRETO n. 12: il rapport è una tappa fondamentale da raggiungere per conseguire i nostri obiettivi interpersonali, comunicativi e persuasivi, in ogni ambito della nostra vita.

Contrariamente a ciò che può sembrare, il rapport si può creare in pochi istanti, anche con persone totalmente sconosciute e che incontriamo per la prima volta. Penso ad esempio a una nuova conoscenza al bar, a un colloquio di lavoro, a un appuntamento professionale nel corso del quale promuoveremo i nostri prodotti e servizi, alla relazione operativa con i nuovi colleghi, con il nuovo capo o con i nostri nuovi collaboratori, a tutte quelle situazioni in cui ci interessa ottenere un feedback positivo dall'interlocutore fin dall'incontro zero.

Prima di entrare nel dettaglio della creazione del rapport, ti invito a riflettere sul primo gesto d'approccio normalmente presente in un'umana interazione: la stretta di mano. Tu come dai la mano? Esiste un modo giusto e uno sbagliato per stringere la mano a una persona? Probabilmente non esiste un modo migliore di altri. Certo, molta gente preferisce l'impressione di solidità derivata da una forte e maschia stretta di mano, ma non sempre è così.

Quindi, ti invito a considerare come migliore la stretta di mano del tuo interlocutore. È già questo un modo di ricalcarlo a livello non verbale, come vedremo tra poco. Come stringergli la mano allora? Non potendo sapere a priori se ci stritolerà le falangi o ci consegnerà un "pesce cotto al vapore", partiremo da una stretta media e, in tempo reale, allenteremo o stringeremo la mano, replicando la forza e l'enfasi, il calore che l'altra persona ci offrirà.

Il ricalco già nella stretta di mano è il primo passo per instaurare il rapport. Anche in questo caso, rifuggiamo i luoghi comuni e gli standard, in ossequio al concetto secondo cui ogni persona ha un suo modo di vedere e di vivere le umane esperienze. La mappa non è il territorio! Scendendo nel dettaglio, andiamo insieme a scoprire come s'instaura il rapport. L'insieme di osservazioni indicate nei precedenti capitoli e paragrafi già ti porta a buon punto nell'instaurare questa sintonia, vediamo ora come accentuarla nell'inconscio di chi ci parla e ci ascolta attraverso una serie di accorgimenti e di strategie che ti portino a penetrare in maniera vincente l'altrui mappa. Come creare quindi questo rapport? Le fasi sono tre: calibrazione, ricalco e guida.

La Calibrazione, termine di derivazione balistica che letteralmente significa "aggiustare il tiro", non è altro che l'attenta osservazione di quanto ti ho già detto in precedenza, ossia lo studio in tempo reale dei canali rappresentazionali (il sistema VAKog, ricordi?), attraverso la valutazione dei predicati usati, delle parole rappresentative ed evocative, del movimento degli occhi, del paraverbale (tono, volume) e del linguaggio non verbale (postura, mimica).

Inoltre, l'attenta valutazione ed estrazione dei metaprogrammi in uso in quel preciso momento completerà il quadro. Ti sarà quindi ben chiaro come, in questa prima fase, sia di vitale importanza quell'insieme di osservazione e di ascolto attivo di cui ti ho già parlato. E spero ti sia ancora più chiara la necessità dell'esercizio continuo nell'affinare questa osservazione.

Ma c'è di più. Per andare a comunicare con un livello più profondo del nostro interlocutore, ottenute tutte le informazioni appena elencate, passeremo alla fase attiva della creazione del rapport mediante l'azione del ricalco. Semplificando al massimo: *ricalcare* non significa altro che andare a toccare le stesse corde che "suona" il nostro interlocutore, entrando con lui in uno stato di sintonia a livello conscio e inconscio.

Il **ricalco** verbale è basato sull'analisi delle parole che il nostro interlocutore utilizzerà più di frequente, seguendo le sue rappresentazioni visuali, auditive o cenestesiche, e restituendo la stessa terminologia rappresentativa. Se il tuo interlocutore ti parla in termini prettamente visivi, sarà poco sintonico rispondere in termini diversi, secondo altre rappresentazioni sensoriali.

Questo è solo un esempio, ma credo renda l'idea. Spesso, nel presentare un servizio, ci si sente dire: «Sì, mi sono fatto un'idea di cosa fate, ma è ancora un po' nebulosa…». A un'affermazione del genere, evidentemente visiva, sarà distonico rispondere con termini auditivi o cenestesici quali: «Senta, ascolti, accarezzi l'idea…» mentre sarà più "affine" usare i termini visivi più consoni, utilizzando il suo stesso linguaggio. Pensa a una risposta del tipo: «Immagini di essere seguito da noi, come vede la prospettiva?» Non trovi che sia più in linea nel replicare il linguaggio allo scopo di accrescere la sintonia? Bene, ma non dimenticare che, per raggiungere una sintonia ancora più profonda, non ci si può fermare alle sole parole. Ne parlavamo prima, ricordi? Il linguaggio verbale conta solo, a livello percettivo, il 7% del totale comunicato. Ci resta ancora da ricalcare ciò che, rispettivamente, vale il 38% e il 55% dell'insieme rappresentato, ossia il paraverbale e il non verbale del nostro interlocutore. Questa fase si definisce *ricalco extra-verbale* proprio perché supera i confini del linguaggio e delle parole.

A livello più profondo, quindi più sintonico per la percezione inconscia, andremo a ricalcare il tono di voce, lo stile comunicativo, la postura e la gestualità, in quell'operazione definita **rispecchiamento** o *mirroring* che ci porta ad essere percepiti come uguali o, per lo meno, simili e per questo più affidabili.

Hai mai notato come le persone in profonda sintonia si somiglino tanto a livello verbale che extra-verbale? Pensa a una coppia di fidanzati al ristorante, cosa noti nell'osservarli? La stessa postura, certo, ma anche delle gestualità molto simili e, probabilmente, anche un uso di predicati sensoriali allineati. Li vedrai sorridere in modo simile, avvicinarsi nello stesso momento, abbassare o alzare il tono della voce quasi contemporaneamente. Nel creare rapport vale la stessa regola, che poi è quanto recita il vecchio adagio «chi si somiglia si piglia», inducendo questa affinità sintonica fin dal primo incontro e in pochi minuti. Nel rispecchiamento, andremo a replicare, in maniera naturale, le gestualità dell'interlocutore, la sua postura, il modo di muoversi e di parlare, replicando, come uno specchio, l'interlocutore stesso. E come uno specchio, ne ribalteremo l'immagine (*mirroring*). Ad esempio, siamo seduti di fronte a una persona con cui stiamo parlando.

Questa accavalla la gamba destra? Noi forniremo un'immagine a specchio accavallando la gamba opposta, replicando quindi un'immagine che, a livello inconscio, sarà quella dello stesso interlocutore. In altri termini, sarà come se stesse guardando se stesso allo specchio. Ti fidi della tua stessa immagine, vero? Ti invito però a risultare sempre molto naturale, nel rispecchiare una persona, altrimenti il risultato sarà disastroso. Un buon espediente per avere naturalezza nel ricalco non verbale è replicare il gesto o la postura nel momento in cui si prende la parola.

Permettimi di darti un consiglio importantissimo, che mai ho sentito dare in tanti corsi che ho seguito e mai ho letto in tanti libri: fai attenzione ai tic e ai difetti delle persone. Cosa accadrebbe se tu provassi a rispecchiare un balbuziente? O una persona con un evidente difetto di pronuncia? Un disastro, te lo garantisco. Il ricalco deve essere attuato sempre e solo sui tratti "normali", mai sulle peculiarità che possono creare imbarazzo. Se stai pensando che tutto ciò sia ben poco naturale, ti invito a pensare a ciò che fai quando sei in piedi e ti rivolgi a un bambino. Molto probabilmente ti abbassi per parlargli alla sua stessa altezza e guardare il mondo dal suo punto di vista, adottando un tono di voce più fanciullesco.

Lo vedi? Il ricalco è una cosa che ci viene già spontanea, pensa alla potenza che può avere se scientemente sfruttato. La fase della **guida** è molto più semplice da spiegare: nel momento in cui il rapport sarà saldo, sarà lui, inconsciamente, a ricalcare te. Tu sei andato a vedere il suo mondo, ora tocca a lui. E se non accade, prova a ricalibrarlo e a migliorare il ricalco.

Il ricalco profondo: come abbiamo visto, a causa dei filtri mentali di cui l'uomo è dotato, è impossibile per una persona agire direttamente sulla realtà, operando sempre e solo mediante la propria rappresentazione della stessa. In altri termini, quello che di solito noi riteniamo essere la realtà esterna, in realtà altro non è che una rappresentazione o interpretazione soggettiva della stessa. Per tale motivo le credenze che noi abbiamo riguardo noi stessi (l'immagine di sé), riguardo agli altri o alle situazioni, non sono altro che delle immagini mentali che non corrispondono alla realtà vera. Il ricalco profondo è quello che si instaura su credenze e valori, che agisce a livello più profondo, appunto, e che, se ben condotto, assume un'efficacia a lungo termine. Ma vediamo cosa si intende per credenze e valori e come ricondurle in uno stato di fattivo rapport.

Le **credenze** sono rappresentazioni interne di ciò di cui siamo convinti, e derivano da nostre generalizzazioni, più o meno socialmente e culturalmente rafforzate, sul significato di eventi o di azioni occorse nel nostro vissuto. Le credenze nascono dunque da esperienze uniche (da prendere come unico punto di riferimento), ripetute (e dunque rafforzate al punto da farci credere che è proprio così) o trasmesse da altri. Esse sono interpretazioni senza fondamento oggettivo, informazioni interpretate e distorte su noi e sul mondo e che diventano criteri guida per orientarci. Le credenze vengono in genere espresse con espressioni quasi normative, del tipo: «L'affetto e l'altruismo non esistono al di fuori della famiglia», oppure con le formule «quando... poi...», «se... poi...», tipo: «Quando sono sicuro di qualcosa niente potrebbe fermarmi». Tieni presente inoltre che, essendo delle assunzioni su ciò che *è o non è* vero, esse possono essere espresse sia positivamente sia negativamente. Se da una parte, le credenze aiutano a semplificare la vita guidando con immediatezza i nostri comportamenti in "sicure" direzioni, dall'altra hanno un notevole potere condizionante inconscio che si ripercuote sulla nostra capacità di intraprendere nuove scelte.

A un livello logico superiore, ci sono poi i **valori** che sono un insieme di credenze specifiche dotate di forte carica emozionale e tra loro interconnesse. Indicano delle priorità in una scala di cose importanti per il soggetto. Ogni individuo ha una scala di valori strettamente soggettiva, la quale plasmerà il suo modo di vedere e il suo modo di fare. Se, ad esempio, il nostro interlocutore ha come valore fondamentale la famiglia, occorrerà parlargli dell'importanza della famiglia nella società moderna. Se per l'altro è importante il valore dei soldi, nell'interazione si evidenzierà che anche per noi è importante quel particolare valore. Tutto ciò è di vitale importanza, in particolar modo nei primi momenti di instaurazione del rapport. Creare lo scontro prima ancora di aver instaurato un corretto rapport, non ci renderà assolutamente persuasivi. Per contro, in seguito, si possono anche evidenziare i pareri contrari, anche perché è grazie alla loro estrazione che si può instaurare un feeling a lungo termine. Entrare in sintonia con questo insieme di credenze e valori, come abbiamo già detto, renderà il rapport più saldo, più duraturo e, appunto, più profondo.

SEGRETO n. 13: il ricalco verbale ha un'efficacia a breve termine mentre quello extra-verbale vale a medio termine. Il ricalco profondo, quello su credenze e valori, agisce sul rapport a lungo termine.

Ora, prova a osservare il tuo prossimo interlocutore, estraine i metaprogrammi e cogli i sistemi rappresentazionali in uso restituendo la stessa comunicazione, replica il tono della sua voce, parla e muoviti come lui, ricalca le sue convinzioni e i suoi valori. Ti sarà più facile entrarci in una sintonia ottimale e perseguire ciò che ti sei prefisso, ossia portarlo verso nuove mappe. E se sarai stato veramente bravo e persuasivo, sensibile nell'osservare e capire, nel restituire la stessa immagine e gli stessi concetti, la mappa verso cui lo porterai sarà la tua. Nel momento in cui il nostro interlocutore sarà in rapport, tu sarai la guida della comunicazione, ossia gli starai facendo vivere la tua mappa del mondo e delle situazioni contingenti e potrai effettuare in lui un cambiamento di stato d'animo e quindi di comportamento. Ma com'è possibile indurre un nuovo comportamento in una persona? Per associazione o ancoraggio.

Devi sapere che il nostro cervello non distingue un'esperienza vividamente immaginata da un'esperienza realmente vissuta, quindi è possibile far vivere con la fantasia ciò che abbiamo appena rappresentato nel nostro discorso o nel corso della spiegazione insita nella trattativa professionale. Comportandoci *come se* una certa cosa fosse vera, possiamo inviare al nostro cervello dei segnali di cambiamento, accedendo alle emozioni che vogliamo, e ciò lo possiamo trasmettere anche al nostro interlocutore, rendendogli familiari i nostri concetti, predisponendolo quindi a una più vivida accettazione. Tutto ciò rimanda a un meccanismo automatico tipico della mente umana, l'ancoraggio, per cui viene associato a un determinato e preciso stimolo sensoriale, interno o esterno, una determinata reazione comportamentale, o un preciso stato d'animo. Le ancore vengono acquisite per esposizione a elementi che rientrano nel nostro campo d'azione, mentre stiamo provando un'intensa emozione, e si presentano in tutti i canali sensoriali VAKog. Hai mai sentito o letto dell'esperimento di Pavlov con i cani? Nel corso dell'esperimento, atto a studiare il condizionamento comportamentale, il ricercatore fece precedere la somministrazione del cibo dal suono di un fischietto.

Pavlov giunse, nel corso dell'esperimento, a osservare come i cani, a lungo andare, salivassero semplicemente al presentarsi dello stimolo, anche in assenza di cibo. Per dovere di cronaca, alcuni testi, nel riportare l'esperimento parlano dell'uso di campanellini e non di fischietti, ma poco importa. Un altro esperimento, molto simile e sempre condotto da Pavlov, fu quello della paura indotta per associazione su di un bimbo di nome

Albert. Il bambino non mostrava alcuna paura nel giocare con un topolino bianco ma, quando all'avvicinarsi al topolino fu ripetutamente associato un forte e spaventoso suono, il bambino iniziò ad avere paura del roditore. La ripetizione di questa associazione, indusse nel piccolo Albert una sensazione di paura per condizionamento e associazione, anche (successivamente) in assenza del rumore. Quindi, ogni volta che ci si imbatterà in uno stimolo ricreato internamente e pervenuto esternamente (un suono, un'immagine, una sensazione tattile, gustativa, olfattiva), anche semplicemente ricordando detti stimoli si rivivrà come meccanismo opposto la stessa emozione positiva o negativa. Per esempio, ti sarà sicuramente capitato di ascoltare una canzone che ti evoca ricordi poco piacevoli e di rattristarti, anche se magari ti stavi divertendo con gli amici ed eri al massimo della tua spensierata serenità.

SEGRETO n. 14: uno stato d'animo può essere indotto per condizionamento o ancoraggio. Con questa tecnica, potremo ancorare una sensazione positiva, legata a noi, nel nostro interlocutore.

Sfruttando questo processo neurologico naturale, le ancore possono essere installate e richiamate volontariamente, sia su se stessi che sugli altri. Per fissare un'ancora efficacemente occorre dapprima far sperimentare o riaffiorare alla memoria (facendo pensare a quella volta in cui si era in quel determinato stato o *come se* lo si stesse rivivendo in quel momento) ciò che si vorrà far ripetere e far scattare lo stimolo solo quando l'esperienza emotiva è all'apice. Ciò lo si capirà dall'insieme dei messaggi verbali e non verbali. Per verificare se l'ancora è stata installata correttamente, occorre richiamarla in un momento in cui l'interlocutore è in uno stato interno differente da quello che vogliamo richiamare (basta cambiare discorso). Se, procedendo allo stimolo, vediamo cambiare lo stato della persona come previsto, il gioco è fatto. Le stesse strategie sono una catena di ancore, per cui la rappresentazione precedente stimola la successiva.

In questo caso, è possibile estrarre una determinata sequenza con domande tipo: «Come hai deciso di…», «Come hai fatto a…» oppure utilizzando la cornice creativa del *come se* con frasi tipo «Come faresti a… se tu fossi…?», definendo bene il giusto contesto. Quando il soggetto accede all'esperienza, occorre osservare attentamente i segnali oculari e ancorare l'esperienza al primo accesso sensoriale con uno stimolo particolare (ad esempio: uno schiocco di dita, una mano sulla spalla ecc.).

È importante notare se effettivamente l'interlocutore ha prodotto la catena logica di rappresentazioni in congruenza a ciò che dice ed evidenzia non verbalmente. Per assicurarsi di ciò è bene rievocare più volte l'insieme di sensazioni e ancorarle solo quando si è assolutamente sicuri. Va da sé l'importanza di essere in perfetto rapport, ricalcando e guidando il soggetto, con precisione millimetrica, fino allo stato voluto.

Ora che hai instaurato un solido rapport, è il caso che tu affini la tua comunicazione allo scopo di evitare distonie inconsce. Come abbiamo già detto, quando si è in rapport, una discussione intesa come scambio di differenti vedute, a livello conscio, è ininfluente e non rovinerà la sintonia creata. Anzi, sarà produttiva nell'approfondimento delle diversità percettive.

Un discorso a parte, totalmente diverso, sarà quello sui segnali di profonda discrepanza che il nostro interlocutore percepirà a un livello inconscio e profondo. A questo punto, vediamo come evitare di creare intoppi inconsci nella tua comunicazione, permettendoti di rimanere in rapport con il tuo interlocutore, qualunque sia l'ambito relazionale in corso.

Partiamo da un dettaglio importantissimo seppur talmente sottile da essere trascurato dalla maggior parte dei comunicatori, anche dai più preparati e per questo efficaci: la comprensione. Per comprensione non intendo il semplice "capire" i concetti dell'altra persona. Ciò cui mi riferisco, è il dare comprensione per quanto rappresentato, per lo stato d'animo di chi ci sta parlando. Parlo di comprensione a livello sensoriale e non concettuale.

Immagina di raccontarmi una storia triste. Io potrei risponderti «Hai ragione, è una cosa tristissima, ma con il tempo tutto passa...». Ecco rappresentato il più diffuso errore comunicativo: la congiunzione avversativa. Se al posto del *ma* ci fosse stato un *però*, il risultato sarebbe stato uguale: ti avrei dato comprensione con la prima parte della frase, salvo poi togliertela nella seconda, imponendo un mio punto di vista e ponendolo al di sopra di quanto da te rappresentato. In altre parole, il *ma* e il *però* cancellano, percettivamente parlando, quanto detto prima della congiunzione. Ossia, ciò che ne consegue è che la comprensione, a livello inconscio, cessa di essere vissuta come reale. Cosa penseresti se regalassi un giocattolo a un bambino per poi toglierglielo subito dopo? Il *ma* e il *però* hanno lo stesso effetto: dare per poi immediatamente togliere. Anche in un contesto di rappresentazione e di punto di vista soggettivo, il loro uso equivale a una forzata sovrapposizione di un modo personale di vedere gli eventi. Pensa invece a quanto potrebbe essere sintonico, profondamente adeguante, usare una congiunzione che metta sullo stesso piano le differenti vedute, senza cancellare la percezione di comprensione appena trasmessa. Se invece del *ma* o del *però* tu usassi ad esempio «è anche vero che…» oppure «allo stesso tempo…» la sintonia sarebbe salva.

Nel mondo delle vendite, una delle obiezioni più gettonate è: «È troppo caro» e spesso, la risposta del venditore è: «Può sembrare caro ma…». Alla luce di quanto ti ho appena detto, ti sembra un buon modo di ribaltare un'obiezione? Certo che no. Una rimostranza simile va innanzi tutto indagata, contestualizzata e poi ristrutturata. Al cliente che rimprovera un prezzo troppo alto è necessario innanzitutto chiedere con gentilezza: «Posso chiederle rispetto a cosa?» e poi proseguire, ottenuta la spiegazione richiesta, dando comprensione per il suo punto di vista, rispettandolo e offrendo un'alternativa che stia sullo stesso livello di dignità: «Capisco che possa sembrarle caro in relazione a ciò che lei usa normalmente essendo un ottimo prodotto anche quello. È anche vero che la qualità del nostro e l'assistenza che noi offriamo è a un livello superiore e ciò comporta delle spese maggiori alla produzione». Molto più efficace, non trovi?

Come vedi, tutto nasce da una semplice domanda di estrazione e di approfondimento e si rafforza, nella risposta, con una congiunzione sintonica. Un'altra parolina magica, a proposito di persuasione, è: *oppure*.

Posta nel contesto di una richiesta, in fase di vendita (giusto per fare un esempio concreto) ti permetterà di aggiungere dei tasselli importanti alle sensazioni trasmesse. «Facciamo solo il pieno *oppure* controlliamo anche l'olio?» È quello che ti dice spesso il benzinaio che, così facendo, induce la tua mente alla necessità di un controllo sulla vettura. Inutile dire quanto un semplice *oppure* sia responsabile di importanti aumenti di fatturato. Per mantenere la comprensione e offrire un'alternativa, un punto di vista diverso e su un livello di pari dignità, occorre innanzi tutto non dare mai per scontato ciò che esprime l'interlocutore. Non interpretare le sue parole, prendilo alla lettera. Ciò accade anche nella psicoanalisi: l'analista non interpreta le parole del suo paziente, ma ricerca (proprio mediante le domande di approfondimento) il vero significato delle stesse. Saltare alle conclusioni, cimentandosi in una sorta di poco credibile lettura del pensiero, può avere effetti totalmente controproducenti per l'esito della nostra relazione comunicativa. Del resto, porre le giuste domande rende più efficaci le nostre parole, se è vero come è vero che per poter parlare bene, e prima di farlo, è necessario ascoltare bene. Le domande saranno quindi aperte o chiuse, a seconda dei casi e delle necessità, e andranno a indagare i veri motivi di un'esternazione.

Le domande chiuse, cioè quelle che prevedono una risposta secca SÌ/NO, tagliano fuori l'elaborazione della risposta stessa, non approfondiscono, non estraggono i reali motivi e, cosa ancora peggiore, disattivano il cervello. La domanda chiusa è utile solo quando ci interessa instaurare la catena del SÌ o del NO, abituando il nostro interlocutore alla prima o alla seconda risposta. Una domanda aperta, invece, attiva il ragionamento, scende nel dettaglio, approfondisce la visione personale delle cose, ci permette di trovare delle soluzioni e di ribaltare i punti di vista dissonanti. Ossia, è utile quando vogliamo far parlare a lungo e più dettagliatamente il nostro interlocutore. E qui si apre un'altra necessità comunicativa importantissima: quando è bene usare il *perché* e quando, invece, è più opportuna un'altra formula? Certo come domanda ti sembrerà strana, ma chiarirò il concetto semplicemente con un esempio. Partiamo dal presupposto che il *perché* porta ad approfondire in senso analitico il motivo di un evento. Se questo evento è negativo, se ad esempio stiamo parlando di un licenziamento subìto, alla domanda: «Perché ti hanno licenziato» risponderesti estraendo tutte le possibili cause, arrivando addirittura a inventarle.

E ciò peggiora inevitabilmente il tuo stato d'animo. In un contesto più professionale, chiedere: «Perché ci trova cari?» non farebbe altro che rafforzare le convinzioni negative del cliente. Ferma restando la necessità di approfondire la risposta appena ottenuta, potremmo in alternativa chiedere: «Come mai pensa questo?» oppure, in un caso come l'esempio del licenziamento, chiedere «Come mai? Come avresti potuto evitarlo?» Il *come mai*, al contrario del *perché*, ricerca le soluzioni per il futuro senza rafforzare le convinzioni negative. Prova invece a usare il *perché*, proprio in quanto rafforzativo delle convinzioni, quando ti viene detto qualcosa di positivo. La tua fidanzata ti dice: «Ti amo», il tuo cliente dice che sei proprio bravo, il tuo capo dice che sei un collaboratore eccezionale, un nuovo amico sostiene che sei simpatico? In questi casi è utile chiedere, in maniera simpatica e sorridente, il perché del complimento. Non farai altro che rafforzare in loro la convinzione appena espressa, portandoli a riflettere sul perché della loro percezione per trovare tutte le possibili spiegazioni logiche, e migliorerai ancora di più la percezione che hanno di te e del tuo modo di comunicare e di agire.

Un altro utile trucco lessicale, per aumentare la sintonia e la comprensione nel tuo interlocutore, è quello di evitare di formulare le frasi in senso negativo. Mi spiegherò meglio con un semplice esempio. Cosa accade se dici a qualcuno: «Non aprire quel cassetto»? Semplice: alla prima occasione lo aprirà. E ciò accade perché, a livello sensoriale, la nostra mente elabora ogni informazione, suggestione, indicazione, mediante immagini, suoni ecc. Considera che non esiste una rappresentazione per il *non*, che di fatto è una non parola, quindi ciò che viene percepito ed elaborato è solo il resto della frase. Cosa significa questo? Semplicemente che, a livello inconscio e rappresentativo, se io ti dicessi: «Non pensare all'elefante giallo» pur capendo consciamente il senso della frase, penseresti solo a quello per i prossimi minuti. Ci stai pensando, vero? È inevitabile. Usa perciò frasi espresse in positivo e invece di dire: «Non agitarti» prova a dire: «Stai calmo». Funziona molto meglio e più velocemente. Del resto, l'uso del *non*, è alla base delle strategie ipnotico-terapeutiche, proprio perché induce rappresentazioni nascoste e non espressamente comunicate. Milton H. Erickson, famoso terapeuta, era un maestro in questo e l'uso di questa negazione rientra in quel modello comunicativo definito Milton Model.

Ovviamente esiste un uso produttivo dell'induzione mediante il *non*. Nel caso di una trattativa, ad esempio, potresti usarlo per indurre la convinzione a concludere positivamente la stessa. «Non firmi il contratto ora, se ritiene di poter agire altrimenti» è molto più efficace di altre formule, perché crea la rappresentazione della firma, fa pregustare la soluzione a un problema, induce un'esperienza vividamente immaginata, che come abbiamo già visto, equivale a una reale, almeno a livello percettivo. In altri termini, l'ordine nascosto ma percepito dal subconscio, è: «Firmi ora!» E in questo contesto rappresentativo rientrano le domande ipnotiche, anch'esse derivate dal Milton Model. Immagina di indurre una convinzione o una sensazione positiva in una persona, nel tuo interlocutore, semplicemente dicendo: «Ti è mai capitato di essere così in sintonia con una persona?» e nello stesso tempo indicare te stesso, oppure puoi usare il: «Sai quando...», evocativo per indurre un'esperienza immaginata o per far rivivere una bella sensazione cui, inevitabilmente, l'interlocutore stesso legherà noi e l'esperienza comune appena vissuta. Provaci, sviluppa queste domande ipnotiche e rimarrai piacevolmente stupito dal risultato.

Nel corso della lettura, ti sarai accorto che, in un paio di occasioni, ho usato quelli che in comunicazione si chiamano truismi (dal termine inglese *truth* = verità) e hanno l'intento di creare la catena del SÌ, abituando l'interlocutore a darci ragione e fidarsi di noi. Si tratta, in fin dei conti, di affermazioni talmente ovvie da portare l'interlocutore a pensare: «Hai proprio ragione». Naturalmente il mio intento nell'usare quel set linguistico, non era ipnotico, tanto meno persuasivo, ma solo dimostrativo scrivendo «*e mentre sei comodamente a casa tua e stai leggendo queste righe, non so se ti stai rendendo conto che stai già imparando a comunicare meglio*». Per quanto abbia un costrutto un po' inconsueto, è una frase molto persuasiva, vero? Il nucleo centrale di questa formula comunicativa si basa sul truismo «mentre sei comodamente a casa tua e stai leggendo queste righe» seguito dall'induzione «stai già imparando».

Accade così che la tua mente inconscia, considerando come vera in assoluto poiché frutto di una realtà incontrovertibile, la prima parte della frase, molto probabilmente etichetterà allo stesso modo anche la seconda. Ciò non toglie che tu stia davvero imparando qualcosa e che sia interessato nella lettura delle mie parole, diversamente non saresti arrivato a questo punto.

Continuando con le finezze lessicali, ti consiglio di fare molta attenzione all'uso di parole quali: *onestamente*, *veramente*, *sinceramente*, *francamente*. Anzi, dovresti forse depennarle dal tuo set linguistico. Queste parole hanno in sé un retrogusto amaro, un doppio taglio che le rende pericolose come coltelli affilati. Se in una conversazione siamo sinceri, rimarcare questa sincerità può essere controproducente. E lo stesso vale con affermazioni del tipo: «Ad essere sincero…»; «In tutta onestà…». Inoltre, a livello inconscio, nella mente del nostro interlocutore, sarebbe un fiorire di "mente", associabili al *mentire*. Ho reso l'idea?

Questi riportati sono solo degli esempi utili a stimolare in te la ricerca di tutte quelle affermazioni che limitano le tue capacità persuasive. Mi fermerò a quelli espressi, anche se si potrebbe andare avanti per ore. Mi preme più ricordarti, in questo contesto, che la convinzione in ciò che si dice è già un buon passo verso una profonda persuasione. Se tu per primo non sei convinto di ciò che dici, come speri di poter convincere qualcuno? Convinzione e positività sono ottimi alleati per la persuasione, almeno quanto la negatività è per essa un brutto nemico, e ciò vale anche per l'impreparazione quando si affrontano argomenti specifici.

Permettimi un ultimo consiglio: ricordi quando parlavamo dei tre livelli della comunicazione, ossia verbale, paraverbale e non verbale? Secondo te, saresti profondamente persuasivo se esprimessi un concetto, quindi una convinzione a parole, mentre il tuo corpo o il tuo tono espressivo dicesse ben altro? In comunicazione, e ancor più in persuasione, la congruità tra gli strumenti è fondamentale. Sono certo che saprai fare tesoro di tutti questi spunti e consigli, affinandoli ed elaborandoli nel tempo, diventando così un vero persuasore Neuro-Linguistico.

SEGRETO n. 15: pesa le parole eliminando le congiunzioni e i predicati avversativi, le parole a doppio taglio e le negazioni inutili. Ascolta senza interpretare, prendendo alla lettera il tuo interlocutore.

RIEPILOGO DEL CAPITOLO 3:

- SEGRETO n. 11: La necessità di creare la giusta sintonia, instaurando un corretto rapport, è ancora più evidente se pensiamo alla paura innata in tutti noi, verso ciò che è estraneo, diverso. Da qui, appunto, deriva la necessità di renderci più simili al nostro interlocutore.
- SEGRETO n. 12: Il rapport è una tappa fondamentale da raggiungere per conseguire i nostri obiettivi interpersonali, comunicativi e persuasivi, in ogni ambito della nostra vita.
- SEGRETO n. 13: Il ricalco verbale ha un'efficacia a breve termine mentre quello extra-verbale vale a medio termine. Il ricalco profondo, quello su credenze e valori, agisce sul rapport a lungo termine.
- SEGRETO n. 14: Uno stato d'animo può essere indotto per condizionamento o ancoraggio. Con questa tecnica, potremo ancorare una sensazione positiva, legata a noi, nel nostro interlocutore.
- SEGRETO n. 15: Pesa le parole, eliminando le congiunzioni e i predicati avversativi, le parole a doppio taglio e le negazioni inutili. Ascolta senza interpretare, prendendo alla lettera il tuo interlocutore.

Conclusione

Siamo giunti al termine di questo breve viaggio nell'immenso mondo della comunicazione Neuro-Linguistica e, con mio enorme piacere, sei ancora qui a leggermi interessato. Ti avevo promesso uno strumento semplice ed efficace che ti avrebbe permesso di ottenere sempre, in qualunque momento, il giusto stato d'animo per affrontare ogni impegno e ogni comunicazione interpersonale. In realtà ti ho già accennato qualcosa, quando parlavamo di ancore, di condizionamento neuro-associativo (come Tony Robbins chiama la sua versione della PNL), di stati d'animo e sensazioni che ti portano ad essere al meglio in ogni situazione.

Ora, molto brevemente, t'insegnerò il semplicissimo metodo utile ad ancorare uno stato d'animo, permettendoti poi di richiamarlo all'occorrenza. Rilassati e respira profondamente, pensando solo al flusso dell'aria che entra ed esce dai tuoi polmoni. Svuota la mente da ogni pensiero e lascia che i muscoli e il cuore si rilassino. Sciogli ogni tensione. Prenditi tutto il tempo che ti serve per giungere al corretto e profondo relax.

Ora che la tua mente è libera e il tuo corpo è completamente rilassato, richiama alla tua mente quel momento, quell'episodio della tua vita in cui eri particolarmente felice. Quella situazione in cui ti sentivi vincente, imperturbabile, sicuro di te e profondamente sereno. Di certo hai vissuto delle sensazioni fisiche e mentali, delle emozioni che ti sono rimaste dentro. Ora amplificale nella tua mente portando quel ricordo ad essere il percepito di adesso. Ingigantisci le sensazioni, aumenta la percezione di esse, i colori, gli odori, i sapori, le sensazioni tattili. E quando la percezione dovuta alla ricostruzione di quell'esperienza è al massimo, quando ti senti bene come in quel momento, stringi forte il pugno.

Ecco la tua ancora. Ora, per condizionamento neuro-associativo, quando stringerai il pugno, la tua mente tornerà a quelle sensazioni e tu sarai al meglio per affrontare la vita. Forse non basterà farlo una volta sola. Come per tutto il resto delle cose che hai imparato in questo corso, serve l'esercizio continuo. Continua a ripetere l'ancoraggio nei prossimi giorni, magari dopo aver riletto qualche passaggio di questo corso, fino a rendere l'ancora e i concetti automatici e produttivi. Del resto, come ho già espresso nell'introduzione, ogni viaggio di miglioramento e di crescita personale ha un punto di partenza e uno d'arrivo: l'apertura mentale verso le nuove strategie è quella linea di start da cui ci si muove, mentre l'eccellenza che può conseguirne è la linea dell'arrivo.

Nel mezzo vi è un percorso impegnativo, fatto di applicazione continua, di studio, di esercizio quotidiano. Prenditi il tuo tempo nell'osservare l'interlocutore, nell'estrarre i suoi metaprogrammi, nel capire i suoi canali rappresentazionali, nel calibrarne i tre livelli della sua comunicazione, allo scopo di effettuare un efficace ricalco sintonico. Ascoltalo con sincero interesse e, soprattutto, senza saltare alle conclusioni. Del resto, se siamo nati con una bocca e due orecchie, ci sarà un perché. Anche in questo caso, affina le tue capacità d'ascolto, come se in quel momento, per te al mondo esistesse solo il tuo interlocutore. Fai domande: chi domanda comanda. In ultima analisi, non stancarti mai di esercitarti, perché solo l'esercizio, unito all'apertura mentale di cui sopra, ti porterà ad affinare ogni tecnica di cui hai qui letto, facendola tua, modellandola a tuo modo, rendendola innata nella tua comunicazione.

Come sempre, nella formazione gli oneri e gli onori sono condivisi. Io potrei anche essere il miglior formatore al mondo, il più profondo conoscitore della disciplina, ma senza la tua attenzione, la tua voglia di guardare oltre il conosciuto, il tuo desiderio di crescere puntando all'eccellenza, le mie capacità poco potrebbero fare.

Mettici del tuo per applicare il mio, come amava dire un mio professore.

Ed ora, mettendomi a tua disposizione per eventuali chiarimenti e lasciandoti allo scopo il mio indirizzo e-mail: c.lezzi@email.it

Ti auguro una buona comunicazione!

Christian Lezzi

www.ingramcontent.com/pod-product-compliance
Ingram Content Group UK Ltd.
Pitfield, Milton Keynes, MK11 3LW, UK
UKHW022015190726
13853UKWH00005B/1955